目録

總序

語言是文化的重要組成部分，也是文化的載體。語言中有歷史。

多元一體的中華文化，體現在我國豐富的民族文化和地域文化及其語言和方言之中。

北京是遼金元明清五代國都（遼時爲陪都），千餘年來，逐漸成爲中華民族所公認的政治中心。北方多個少數民族文化與漢文化在這裏碰撞、融合，産生出以漢文化爲主體的、帶有民族文化風味的特色文化。

現今的北京話是我國漢語方言和地域文化中極具特色的一支，它與遼金元明四代的北京話是否有直接繼承關係還不是十分清楚。但可以肯定的是，它與清代以來旗人語言文化與漢人語言文化的彼此交融有直接關係。再往前追溯，旗人與漢人語言文化的接觸與交融在入關前已經十分深刻。本叢書收集整理的這些語料直接反映了清代以來北京話、京味文化的發展變化。

早期北京話有獨特的歷史傳承和文化底藴，於中華文化、歷史有特别的意義。

一者，這一時期的北京歷經滿漢雙語共存、雙語互協而新生出的漢語方言——北京話，她最終成爲我國民族共同語（普通話）的基礎方言。這一過程是中華多元一體文化自然形成的諸過程之一，對於了解形成中華文化多元一體關係的具體進程有重要的價值。

二者，清代以來，北京曾歷經數次重要的社會變動：清王朝的逐漸孱弱、八國聯軍的入侵、帝制覆滅和民國建立及其伴隨的滿漢關係變化、各路軍閥的來來往往、日本侵略者的占領，等等。在這些不同的社

會環境下，北京人的構成有無重要變化？北京話和京味文化是否有變化？進一步地，地域方言和文化與自身的傳承性或發展性有着什麼樣的關係？與社會變遷有着什麼樣的關係？清代以至民國時期早期北京話的語料爲研究語言文化自身傳承性與社會的關係提供了很好的素材。

了解歷史才能更好地把握未來。新中國成立後，北京不僅是全國的政治中心，而且是全國的文化和科研中心，新的北京話和京味文化或正在形成。什麼是老北京京味文化的精華？如何傳承這些精華？爲把握新的地域文化形成的規律，爲傳承地域文化的精華，必須對過去的地域文化的特色及其形成過程進行細緻的研究和理性的分析。而近幾十年來，各種新的傳媒形式不斷涌現，外來西方文化和國內其他地域文化的衝擊越來越强烈，北京地區人口流動日趨頻繁，老北京人逐漸分散，老北京話已幾近消失。清代以來各個重要歷史時期早期北京話語料的保護整理和研究迫在眉睫。

「早期北京話珍本典籍校釋與研究（暨早期北京話文獻數字化工程）」是北京大學中國語言學研究中心研究成果，由「早期北京話珍稀文獻集成」「早期北京話數據庫」和「早期北京話研究書系」三部分組成。「集成」收録從清中葉到民國末年反映早期北京話面貌的珍稀文獻并對内容加以整理，「數據庫」爲研究者分析語料提供便利，「研究書系」是在上述文獻和數據庫基礎上對早期北京話的集中研究，反映了當前相關研究的最新進展。

本叢書可以爲語言學、歷史學、社會學、民俗學、文化學等多方面的研究提供素材。

願本叢書的出版爲中華優秀文化的傳承做出貢獻！

王洪君　郭鋭　劉雲

二〇一六年十月

「早期北京話珍稀文獻集成」序

清民兩代是北京話走向成熟的關鍵階段。從漢語史的角度看，這是一個承前啓後的重要時期，而成熟後的北京話又開始爲當代漢民族共同語——普通話源源不斷地提供着養分。蔣紹愚先生對此有着深刻的認識：「特别是清初到19世紀末這一段的漢語，雖然按分期來説是屬於現代漢語而不屬於近代漢語，但這一段的語言（語法，尤其是詞彙）和『五四』以後的語言（通常所説的『現代漢語』就是指『五四』以後的語言）還有若干不同，研究這一段語言對於研究近代漢語是如何發展到『五四』以後的語言是很有價值的。」（《近代漢語研究概要》，北京大學出版社，2005年）然而國内的早期北京話研究并不盡如人意，在重視程度和材料發掘力度上都要落後於日本同行。自1876年至1945年間，日本漢語教學的目的語轉向當時的北京話，因此留下了大批的北京話教材，這爲其早期北京話研究提供了材料支撑。作爲日本北京話研究的奠基者，太田辰夫先生非常重視新語料的發掘，很早就利用了《小額》《北京》等京味兒小説材料。這種治學理念得到了很好的傳承，之後，日本陸續影印出版了《中國語學資料叢刊》《中國語教本類集成》《清民語料》等資料匯編，給研究帶來了便利。

新材料的發掘是學術研究的源頭活水。陳寅恪《〈敦煌劫餘録〉序》有云：「一時代之學術，必有其新材料與新問題。取用此材料，以研求問題，則爲此時代學術之新潮流。」我們的研究要想取得突破，必須打破材料桎梏。在具體思路上，一方面要拓展視野，關注「異族之故書」，深度利用好朝鮮、日本、泰西諸國作者所主導編纂的早期北京話教本；另一方面，更要利用本土優勢，在「吾國之舊籍」中深入挖掘，官話正音教本、滿漢合璧教本、京味兒小説、曲藝劇本等新類型語料大有文章可做。在明確了思路之後，我們從2004年開始了前期的準

備工作，在北京大學中國語言學研究中心的大力支持下，早期北京話的挖掘整理工作於2007年正式啓動。本次推出的「早期北京話珍稀文獻集成」是階段性成果之一，總體設計上「取異族之故書與吾國之舊籍互相補正」，共分「日本北京話教科書匯編」「朝鮮日據時期漢語會話書匯編」「西人北京話教科書匯編」「清代滿漢合璧文獻萃編」「清代官話正音文獻」「十全福」「清末民初京味兒小説書系」「清末民初京味兒時評書系」八個系列，臚列如下：

「日本北京話教科書匯編」於日本早期北京話會話書、綜合教科書、改編讀物和風俗紀聞讀物中精選出《燕京婦語》《四聲聯珠》《華語跬步》《官話指南》《改訂官話指南》《亞細亞言語集》《京華事略》《北京紀聞》《北京風土編》《北京風俗問答》《北京事情》《伊蘇普喻言》《搜奇新編》《今古奇觀》等二十餘部作品。這些教材是日本早期北京話教學活動的縮影，也是研究早期北京方言、民俗、史地問題的寶貴資料。本系列的編纂得到了日本學界的大力幫助。冰野善寬、内田慶市、太田齋、鱒澤彰夫諸先生在書影拍攝方面給予了諸多幫助。書中日語例言、日語小引的翻譯得到了竹越孝先生的悉心指導，在此深表謝忱。

「朝鮮日據時期漢語會話書匯編」由韓國著名漢學家朴在淵教授和金雅瑛博士校注，收入《改正增補漢語獨學》《修正獨習漢語指南》《高等官話華語精選》《官話華語教範》《速修漢語自通》《速修漢語大成》《無先生速修中國語自通》《官話標準：短期速修中國語自通》《中語大全》《「内鮮滿」最速成中國語自通》等十餘部日據時期（1910年至1945年）朝鮮教材。這批教材既是對《老乞大》《朴通事》的傳承，又深受日本早期北京話教學活動的影響。在中韓語言史、文化史研究中，日據時期是近現代過渡的重要時期，這些資料具有多方面的研究價值。

「西人北京話教科書匯編」收録了《語言自邇集》《官話類編》等十餘部西人編纂教材。這些西方作者多受

過語言學訓練，他們用印歐語的眼光考量漢語，解釋漢語語法現象，設計記音符號系統，對早期北京話語音、詞彙、語法面貌的描寫要比本土文獻更爲精準。感謝郭鋭老師提供了《官話類編》《北京話語音讀本》和《漢語口語初級讀本》的底本，《尋津録》、《語言自邇集》（第一版、第二版）、《漢英北京官話詞彙》、《華語入門》等底本由北京大學圖書館特藏部提供，謹致謝忱。《華英文義津逮》《言語聲片》爲筆者從海外購回，其中最爲珍貴的是老舍先生在倫敦東方學院執教期間，與英國學者共同編寫的教材——《言語聲片》。教材共分兩卷：第一卷爲英文卷，用英語講授漢語，用音標標注課文的讀音；第二卷爲漢字卷。《言語聲片》采用先用英語導入，再學習漢字的教學方法講授漢語口語，是世界上第一部有聲漢語教材。書中漢字均由老舍先生親筆書寫，全書由老舍先生録音，共十六張唱片，京韵十足，殊爲珍貴。

上述三類「異族之故書」經江藍生、張衛東、汪維輝、張美蘭、李無未、王順洪、張西平、魯健驥、王澧華諸先生介紹，已經進入學界視野，對北京話研究和對外漢語教學史研究産生了很大的推動作用。我們希望將更多的域外經典北京話教本引入進來，考慮到日本卷和朝鮮卷中很多抄本字跡潦草，難以辨認，而刻本、印本中也存在着大量的異體字和俗字，重排點校注釋的出版形式更利於研究者利用，這也是前文「深度利用」的含義所在。

對「吾國之舊籍」挖掘整理的成果，則體現在下面五個系列中：

「清代滿漢合璧文獻萃編」收入《清文啓蒙》《清話問答四十條》《清文指要》《續編兼漢清文指要》《庸言知旨》《滿漢成語對待》《清文接字》《重刻清文虚字指南編》等十餘部經典滿漢合璧文獻。入關以後，在漢語這一强勢語言的影響下，熟習滿語的滿人越來越少，故雍正以降，出現了一批用當時的北京話注釋翻譯的滿語會話書和語法書。這批教科書的目的本是教授旗人學習滿語，却無意中成爲了早期北京話的珍貴記録。「清代滿漢合璧文獻萃編」首次對這批文獻進行了大規模整理，不僅對北京話溯源和滿漢語言接觸研究具

有重要意義，也將爲滿語研究和滿語教學創造極大便利。由於底本多爲善本古籍，研究者不易見到，在北京大學圖書館古籍部和日本神户外國語大學竹越孝教授的大力協助下，「萃編」將以重排點校加影印的形式出版。

「清代官話正音文獻」收入《正音撮要》（高静亭著）和《正音咀華》（莎彝尊著）兩種代表著作。雍正六年（1728），雍正諭令福建、廣東兩省推行官話，福建爲此還專門設立了正音書館。這一「正音」運動的直接影響就是以《正音撮要》和《正音咀華》爲代表的一批官話正音教材的問世。這些書的作者或爲旗人，或寓居京城多年，書中保留着大量北京話詞彙和口語材料，具有極高的研究價值。沈國威先生和侯興泉先生對底本搜集助力良多，特此致謝。

《十全福》是北京大學圖書館藏《程硯秋玉霜簃戲曲珍本》之一種，爲同治元年陳金雀抄本。陳曉博士發現該傳奇雖爲崑腔戲，念白却多爲京話，較爲罕見。

以上三個系列均爲古籍，且不乏善本，研究者不容易接觸到，因此我們提供了影印全文。

總體來説，由於言文不一，清代的本土北京話語料數量較少。而到了清末民初，風氣漸開，情況有了很大變化。彭翼仲、文實權、蔡友梅等一批北京愛國知識分子通過開辦白話報來「開啓民智」「改良社會」。著名愛國報人彭翼仲在《京話日報》的發刊詞中這樣寫道：「本報爲輸進文明、改良風俗，以開通社會多數人之智識爲宗旨。故通幅概用京話，以淺顯之筆，達樸實之理，紀緊要之事，務令雅俗共賞，婦稚咸宜。」在當時北京白話報刊的諸多欄目中，最受市民歡迎的當屬京味兒小説連載和《益世餘譚》之類的評論欄目，語言極爲地道。

「清末民初京味兒小説書系」首次對以蔡友梅、冷佛、徐劍膽、儒丐、勳鋭爲代表的晚清民國京味兒作家群及作品進行系統挖掘和整理，從千餘部京味兒小説中萃取代表作家的代表作品，并加以點校注釋。該作家群活躍於清末民初，以報紙爲陣地，以小説爲工具，開展了一場轟轟烈烈的底層啓蒙運動，爲新文化運動的興起打下了

一定的群衆基礎，他們的作品對老舍等京味兒小説大家的創作産生了積極影響。本系列的問世亦將爲文學史和思想史研究提供議題。于潤琦、方梅、陳清茹、雷曉彤諸先生爲本系列提供了部分底本或館藏綫索，首都圖書館歷史文獻閲覽室、天津圖書館、國家圖書館提供了極大便利，謹致謝意！

「清末民初京味兒時評書系」則收入《益世餘譚》和《益世餘墨》，均係著名京味兒小説家蔡友梅在民初報章上發表的專欄時評，由日本岐阜聖德學園大學劉一之教授、矢野賀子教授校注。

這一時期存世的報載北京話語料口語化程度高，且總量龐大，但發掘和整理却殊爲不易，稱得上「珍稀」二字。一方面，由於報載小説等欄目的流行，外地作者也加入了京味兒小説創作行列，五花八門的筆名背後還需考證作者是否爲京籍，以蔡友梅爲例，其真名爲蔡松齡，查明的筆名還有損、損公、退化、亦我、梅蒐、老梅、今睿等。另一方面，這些作者的作品多爲急就章，文字錯訛很多，并且鮮有單行本存世，老報紙殘損老化的情況日益嚴重，整理的難度可想而知。

上述八個系列在某種程度上填補了相關領域的空白。由於各個系列在内容、體例、出版年代和出版形式上都存在較大的差異，我們在整理時借鑒《朝鮮時代漢語教科書叢刊續編》《〈清文指要〉匯校與語言研究》等語言類古籍的整理體例，結合各個系列自身特點和讀者需求，靈活制定體例。「清末民初京味兒小説書系」和「清末民初京味兒時評書系」年代較近，讀者群體更爲廣泛，經過多方調研和反復討論，我們決定在整理時使用簡體横排的形式，儘可能同時滿足專業研究者和普通讀者的需求。「清代滿漢合璧文獻萃編」「清代官話正音文獻」等系列整理時則采用繁體。「早期北京話珍稀文獻集成」總計六十餘册，總字數近千萬字，稱得上是工程浩大，由於我們能力有限，體例和校注中難免會有疏漏，加之受客觀條件所限，一些擬定的重要書目本次無法收入，還望讀者多多諒解。

「早期北京話珍稀文獻集成」可以説是中日韓三國學者通力合作的結晶，得到了方方面面的幫助，我們還要感謝陸儉明、馬真、蔣紹愚、江藍生、崔希亮、方梅、張美蘭、陳前瑞、趙日新、陳躍紅、徐大軍、張世方、李明、鄧如冰、王強、陳保新諸先生的大力支持，感謝北京大學圖書館的協助以及蕭群書記的熱心協調。「集成」的編纂隊伍以青年學者爲主，經驗不足，兩位叢書總主編傾注了大量心血。王洪君老師不僅在經費和資料上提供保障，還積極扶掖新進，「我們搭臺，你們年輕人唱戲」的話語令人倍感温暖和鼓舞。郭鋭老師在經費和人員上也予以了大力支持，不僅對體例制定、底本選定等具體工作進行了細緻指導，還無私地將自己發現的新材料和新課題與大家分享，令人欽佩。「集成」能够順利出版還要特別感謝國家出版基金規劃管理辦公室的支持以及北京大學出版社王明舟社長、張鳳珠副總編的精心策劃，感謝漢語編輯室杜若明、鄧曉霞、張弘泓、宋立文等老師所付出的辛勞。需要感謝的師友還有很多，在此一并致以誠摯的謝意。

「上窮碧落下黄泉，動手動脚找東西」，我們不奢望引領「時代學術之新潮流」，惟願能給研究者帶來一些便利，免去一些奔波之苦，這也是我們向所有關心幫助過「早期北京話珍稀文獻集成」的人士致以的最誠摯的謝意。

劉雲

二〇一五年六月二十三日

於對外經貿大學求索樓

二〇一六年四月十九日

改定於潤澤公館

導讀

陳曉

北京大學圖書館於2005年購得一大批戲曲劇本，原爲戲曲名家程硯秋（1904—1958）舊藏，每部劇本均有「玉霜簃藏曲」的印章爲證（「玉霜」爲程硯秋的字）。在程硯秋收藏之前，這批資料大部分原屬北京梨園世家金匱（蘇州）陳氏的舊藏，少部分來自懷寧曹氏家藏，其後人將其發賣，爲梅蘭芳和程硯秋分别競買收藏。北大圖書館購得程硯秋藏本，共函裝本586册，散倉本985册。〔一〕後北大圖書館古籍部進行了細緻的修復及編目工作，將原本各頁分别嵌入新的綫裝本中重新裝訂（即「金鑲玉」本），分類放入統一定製的楠木盒中，使這批珍貴文獻得以長期保存。

這些戲曲劇本珍貴之處主要體現爲以下五個方面：（一）跨越年代甚久，數量龐大。根據北大圖書館古籍部重新整理後的初期目録可知，這批資料上自清代順治年間，下至民國初期，跨越三百餘年，共1961册，包括全本、零本、折子戲及散頁。（二）均爲「梨園本」，即反映當時實際演出的劇本，而非「案頭本」（即文人劇本）。「案頭本」幾乎不包含口白，但「梨園本」却有豐富的口白，亦可在實際演出時臨時改動口白，若反響良好，還可直接在演出本上添加修改，因此一定程度上反映了實際的語言情況。（三）有的劇本還有關於唱詞的工尺譜、身段譜及鑼鼓（在中國戲曲中的地位相當於西方的指揮）的記録，故據此可復原當時唱腔、舞臺表演情況等信息。其中工尺譜和身段譜尤爲豐富，在1961册中，工尺譜共有470册，身段譜共75册。另外，還有按角色不同而單獨

〔一〕參見吴新雷（2010）花落誰家？——程硯秋「玉霜簃藏曲」的最終歸宿，《徐州工程學院學報》，第1期。

成册的「角色本」，例如《伏虎韜》（光緒二十一年，1895）中「火夫」一册，均爲「火夫」這一角色的唱詞和口白。（四）所有劇本均爲手寫本，係清代伶人所記，雖有的字跡過於潦草，或因年代久遠的原因，難以辨識，但大部分字跡清晰工整。（五）有的劇本可以確定劇本使用的時間，例如有的記有奉旨進宫演出的諭旨，有的則是有對公衆演出的日期。正因爲有這些珍貴之處，這批資料已被鑒定爲國家二級文物。

崑曲《十全福》即爲此系列劇本中的一部，其作者不詳，抄録人陳金雀。末頁題款：「同治元年十一月十七日學古篆伶人陳金雀煦堂抄録完竣」，同治元年係1862年。陳金雀，字煦堂，崑曲生角，嘉慶、同治年間人，原籍蘇州，少年時期即被送入北京，後入宫廷演戲，甚得嘉慶帝的喜愛，賜名「金雀」。陳金雀不僅戲曲造詣頗深，且抄録了不少戲曲劇本，還撰寫了諸多其他著作，有《七聲反切易知》《見同雜記》《填詞姓氏考》《明心寶鑒》《劇出群書目録》及《雜劇考原》。[一] 陳金雀之子陳壽豐亦爲伶人，孫陳嘉梁爲笛師。[二] 值得一提的是，整個「玉霜簃藏曲」資料中，陳壽豐與陳嘉梁抄録的作品也多有出現。另外，根據《京戲近百年瑣記》記載：「青衣梅巧玲……妻爲崑生陳金爵之次女，名崑生永年之胞妹。」[三] 又，「青衣陳嘯雲……江蘇蘇州人……爲咸豐年崑亂老生陳天爵之孫，陳金爵之姪……金爵係梅巧玲及名崑旦瑞堂春錢阿四號玉壽之妻父……天爵金爵二名爲咸豐所賜，

〔一〕參見劉達科（2001）董文焕《陳金雀傳》摭談——近代戲曲史料鈎沉之一，《山西大學師範學院學報》，第4期。

〔二〕參見斯維（2015）玉霜簃舊藏陳金雀抄本《十全福》傳奇研究，《四川戲劇》，第9期。

〔三〕引自周明泰（1951）京戲近百年瑣記，載劉紹唐、沈葦窗主編《平劇史料叢刊》，1974年，臺北：傳記文學出版社，18頁。

金爵有孫名桂亭，唱崑小生，爲姜妙香之母舅，程硯秋之教師也。」〔一〕據此可知，陳金雀與陳金爵應爲同一人，「金雀」爲嘉慶所賜，「金爵」爲咸豐所賜。陳金雀整個大家族都投身於戲曲之中，且與程硯秋也有深厚的淵源。

本次影印的《十全福》底本爲全六本，共四十四齣，半頁寬13.4釐米，高25.5釐米。每本分別記有「十全福頭本目録」「十全福二本目録」「十全福三本目録」「十全福四本目録」「十全福五本目録」「十全福六本目録」，目録頁及正文首頁均有「玉霜簃藏曲」之印。正文半頁凡6行，每行25至30字不等。（此次影印出版限於版面篇幅，改爲每頁8行。）全書有朱筆句讀，凡角色名均用小字加朱筆括弧標示，曲牌名各字分别用朱筆圓圈標示，字跡清晰。偶有朱筆改訂，例如：「並不是故竟」（頭本・惻救），「竟」改「意」；「諒女婿心然歡喜」（二本・囑騙），「心」改「必」；「索情你納，拿出去」（三本・攬聘），「情」改「性」等。除此底本外，《十全福》還有其他版本，其中「清鈔本」或爲最早一部，但僅存頭八齣。〔二〕

《十全福》講述的是明成化年間的一個故事。主人公林俊得中進士，被任命爲刑部員外郎。同朝爲官的國師繼曉，係一惡僧，爲給皇帝配製靈藥，欲以嬰孩爲藥料。林俊彈劾繼曉，反遭罷黜，遂前往揚州，欲與曾有婚約的言家小姐完婚，途經山東，收留桑長興爲僕，隨侍左右。林俊至揚州言家後，言老爺得知林俊已被罷黜，故悔婚，林俊不得不投奔至其舅王巡撫家中。王夫人及其内房丫鬟愛玉對林俊甚爲照顧，將其安置於花園居住。揚州當地痘司殿有一道士趙一壇，其妻仰氏，有一外甥女妙玉。一日林俊偶遇妙玉，得知妙玉長期受仰氏虐待，故欲

〔一〕引自周明泰（1951）京戲近百年瑣記，載劉紹唐、沈葦窗主編《平劇史料叢刊》，1974年，臺北：傳記文學出版社，42—43頁。

〔二〕參見李修生主編（1997）《古本戲曲劇目提要》，北京：文化藝術出版社，648頁。

救妙玉於水火，約定夜晚在瘟司殿商定計策。湊巧，當晚桑長興亦遊蕩至瘟司殿，欲與仰氏偷情，被王巡撫家丁毆打並捕獲。林俊因桑長興胡作非爲，遂將其驅逐不用。後桑長興偶遇繼曉的手下萬福，繼曉遣萬福往江南拐騙嬰孩，桑長興遂與其合謀抓住林俊獻於繼曉。繼曉爲報彈劾之仇，派人殺林俊，不料其人被林俊之犬咬死，林俊逃走。桑長興發現死者屍體，認爲是林俊所殺。林俊逃往瘟司殿，被仰氏調戲，却被趙一壇撞見，遂被誤認爲是姦夫。繼曉一行人隨後至此，借機將林俊囚禁。妙玉知林俊蒙受不白之冤，遂同愛玉一起想方設法爲林俊洗刷冤屈。後繼曉拐騙嬰孩之事件敗露，皇帝醒悟，處決了繼曉、桑長興一干人等，對林俊論功行賞，授揚州府印。言小姐、愛玉與妙玉三人均嫁與林俊爲妻妾。全劇内容十分豐富，還穿插了倭寇作亂等歷史事件。

清代戲曲劇本往往「多法元人院本，不能出其範圍十二科之外」〔一〕，因此戲曲劇本的語言大多沿襲元明傳統，較爲保守，「玉霜簃藏曲」亦如此。就《十全福》來説，其中林俊、言小姐等社會地位及文化水平較高的人物語言就有很强的文言色彩，例如〔二〕：

林俊：原來如此。咳，只是我老爺，性好風流，情耽花柳，最愛徵歌選色，酷喜倚翠偎紅，正妻不過以德容爲重，如賓似友。

言小姐：我方才正要問你，言言帶刺，語語含機，不想我父亂命所逼，恨死晚矣。……妹子有何急事這等慌張。

〔一〕引自清·金埴《不下帶編巾箱説》（卷四），1982，北京：中華書局，75頁。

〔二〕原書爲手抄本，多有異體、俗字，本文引例一律使用通行字體。

但是劇中諸多社會地位較低的人物，如僕人（愛玉）、犯人（桑長興、萬福）、普通婦人（妙玉、仰氏）等的語言却非常口語化，且口白甚多，唱詞很少。前文提到，「玉霜簃藏曲」均爲「梨園本」，口白較爲豐富，但《十全福》全篇口白所占比例較其他劇本更爲突出，顯得尤爲特殊和珍貴。現摘録部分口白如下（加點部分爲北京話詞彙或語法現象）：

乳娘：公子不要亂跑，回來看栽著了。……

馨郎：愛玉快同我去頑兒去。……爹，你納萬安罷，狠是錯不了。

（頭本·留愛）

言吉交：今兒他到來了。

言瑞：阿一歪媽媽跑死了……老洪班人箱多來了。……

言吉交：還要唱甚的戲，快快兒滚下去罷。……

余鬍子：王老爹，我們明兒到貴寓磕頭賠罪，請下去罷。……

（二本·囑騙）

桑長興：不差什麼，有二更天了罷。……我悶得慌，不上去。

仰氏：你坑死我了，上去罷。……

妙玉：我告訴你納罷，我也有點子心事。……

仰氏：你再强，我個又要打了。

妙玉：你就是打死我，我是不睡定的了。……

仰氏：敢是你心上有什麽不完的事，想要了局麽。……

妙玉：我越想越恨，還得找補幾下。……這如今四更了，也不來的了，我個也要去睡了。……怎麽胡兒八道，換了喪良心，弄得我心裏糊裏糊塗。方才弄了個希乎腦子爛，亂騰騰。……

仰氏：娼婦，賊在那裏？這麽炸廟。

妙玉：什麽炸廟，我親眼看見一個人在你納房裏出來，還抱着個孩子，嘴裏自己嚷拏賊，碰我一個大觔斗，開了大門去了。……阿一哇，波羅蓋多跌破了……真個了不得。

（二本・廟鬨）

妙玉：我也不同你抬這些死杠，讓了你罷。

愛玉：扯淡，這才是狗拏耗子，多管閑事，林相公有事，與你什麽相干。……這個告訴你罷，林相公是我家的人，這才想方法救他，爲什麽連你們多要救出來，放屁不臭。

妙玉：咳，我與你前輩子，是什麽冤家，恨得我這麽個利害。

（四本・送辱）

桑長興：什麽，我靠本事吃飯，拉籠朋友筭什麽事兒。咳，就是要飯，也是窮人後門。你動不動薄我，我是要飯的花子。哥哥，你招架着罷。

萬福：你有什麽本事？

桑長興：我的本事多着的呢！

（五本・暗護）

妙玉：什麽本事？

桑長興：哪，拍花。

妙玉：什麽？拍花！你也配？

桑長興：什麽配，我是國師親口傳授咒語，還有一道靈符，照著孩子這麽一拍，跟我就走。……不要説是大人，就是假老老，也得跟我走。

妙玉：是了，我前日個，就是他們的人拍我的了。……

桑長興：有人好試，偺們兩個人拍誰呢？……我好容易學來的，這麽教你了？好自在話。

（五本・覿罵）

妙玉：我的媽耶，栽死我了。……嚇，你是王府上，和我抬擯的姐姐，你怎麽也在此？……

愛玉：這麽説，咎們兩個不是冤家了。……咳，慌什麽，你揔不用言語，依我答應。……年輕的，只有咎

們兩。……這才是好機會。救林相公，正在這個當兒裏，難遇見的，隨我來。……他是才到這裏，甚麽兒不會。……我有一點小頑意兒，會彈彈，又會唱唱清曲。

（五本·幻救）

桑長輿：事不宜遲，前後揔是一刀，説也是白説，殺，殺，殺！

仰氏：罷了，説不得。伸得長長兒的脖子，給你殺罷！……

桑長輿：阿呀，我的肉蛋。寶貝，我下得手麽？但是放了你，我也站不住了。……

仰氏：依著我，一點也不難……趁這當兒，偺們兩，迯往他州郡，好圖下半輩子過活，好不好？

（六本·淫迯）

萬福：吠，喪良心，你本要飯花子，如今豐衣足食，你怎麽到來害我。

桑長輿：呸，你開口要飯，閉口要飯，筭你引薦進府，也不見怎的不勾交過，太爺走了，怎麽樣？

萬福：你既要走，各人走罷了，怎麽我的銀子你偷了去？……

桑長輿：列位，不要聽他，拐子頭兒就是國師，他就是國師的包裹人，不見的嬰兒，都是他騙去的，你們打出亂兒來，有我。

（六本·察情閧觀）

以上列舉的内容口語化程度很高。通觀全篇，可發現較多的北京口語詞彙及語法現象，語法方面例如：

（一）第一人稱代詞區分包括式（inclusive）「偺（昝）們」與排除式（exclusive）「我們」。例如：「有人好試，偺們兩個人拍誰呢？」

（二）用「倆」表示「兩個」或「兩人」，雖大多寫作「兩」，但並非單純的數詞，功能上同「倆」。例如：「年輕的，只有昝們兩。」

（三）相當於第二人稱敬語的「你納」「你能」。例如：「我告訴你納罷，我也有點子心事。」「你能也是白想他了。」

（四）程度副詞「狠」用於狀語。例如：「爹，你納萬安罷，狠是錯不了。」

（五）使用助動詞「得」表「必須」「須要」。例如：「我越想越恨，還得找補幾下。」

（六）「打」用作介詞表起點。例如：「咦，孩子多養了，這説打那裏來的。」

（七）句末助詞「……是（似）的」。例如：「甚的意思，又不死人，到像號喪是的一樣抱頭大哭。」

（八）綴於某些形容詞、動詞後的「……得慌」。例如：「我悶得慌，不上去。」

（九）反復疑問句用「VP+不V」結構。例如：「你丟了我兒子，不去找回來，到來嘲笑我，打你這臭蹄子。你找還兄弟不找？」

（十）「去」在連動句中置於VP後。例如：「一發胡説了，拿到當官理論去。」

（十一）「今日」「明日」等時間詞中的「日」體現爲「兒」。例如：「今兒他到來了。」「王老爹，我們明兒到貴寓磕頭賠罪，請下去罷。」

（十二）「兒」作爲名詞的後綴大量出現。例如：「挨著城根兒要飯，正摸不著門兒。」「我有一點小頑意兒，會彈彈。」「他是才到這裏，甚麽兒也不會。」

（十三）大量使用句末助詞「呢」，不僅表疑問，還有表感歎的用例。例如：「人來人去，怎麽光栽在你納身上呢？」「我的本事多著的呢！」

北京話口語詞彙例如（上文摘録部分已出現的詞語略去例文）：

敢是：相當於「敢情」，表「原來」「當然」。

找補：添補，補充。

溜搭：閑逛。例如：「我也想出去溜搭溜搭。」

勞叨：繁瑣不休地説話。例如：「再没有這麽勞叨的了。」

起根兒：本來，原本。例如：「我起根兒就是這付嘴臉的麽。」

各人：自己。

老老：稱老年婦女。

走道兒：走路。例如：「驢子肏的走道兒這麽走麽？」

悄没聲兒：没有聲響或聲音很低。例如：「呸，悄没聲兒的罷，真是坑死我了。」

臨了兒：最後。例如：「臨了兒要睡了，把個兄弟又丟了。」

攛掇：慫恿，鼓動。例如：「拿奸是你攛掇我，這時候又是你叫我放他走麽？」

白饒：白費精力，徒勞。例如：「我想言吉交是個勢利小人，斷了他的婚，就是冤家了，托他也是白饒。」

抬杠（揁）：爭執，爭辯。
交過：相當於「嚼裹」，日常生活的費用、支出。
多喒：「多早晚」的合音，表「什麼時候」。例如：「我這一躲不定多喒才能勾出來。」
了局：完結、了結某事。
言語：説話。
回來：待會兒，稍遲片刻。
頑意兒：文中用例指供人娛樂的曲藝、雜技等。
炸廟：驚叫亂喊。
拍花：誘拐兒童。
當兒：事情發生的某一時刻。
不差什麼：差不多。
值得一提的是，《十全福》中還出現了表演者與觀眾直接對話的场景，這是在「玉霜簃藏曲」資料中很罕見的情況。例如：

仰氏：現攏着這些看戲的太爺們在這裏，你丟我的醜，燥我的皮么？（二本·邪約）

另外，筆者查閲了「玉霜簃藏曲」從順治到清末的近百種劇本，得以觀察整個清代戲曲劇本的變化。筆者

注意到，同治以前劇本的口白多沿襲傳統，通俗成分少，而在同治以後能出現《十全福》這樣口白甚多、語言通俗的劇本，是與當時的社會環境及思想意識有密切聯繫的。社會的趨俗以及開啓民智的風潮，使得一些十分通俗的口語作品很快地成長起來。〔一〕相對保守的戲曲，也受到這種風潮的影響。嘉慶之前，崑曲雅部被視爲正統，受到士大夫的喜愛，且明令禁止「非狹邪褻，怪誕悖亂之事」（嘉慶四年五月禁令），〔二〕但到了道光同治年間，崑曲雅部逐漸走向衰落，更加通俗的地方戲曲却蓬勃發展。例如清後期子弟書作品《評崑論》和《郭棟兒》分别記載了當時的社會現狀：

《評崑論》：似我這布衣寒士自慚不類，惟慕愛清音雅調無處安身。……進園門一望院中車卸滿，到棚内遍觀茶座過千人。……順圍桌一溜兒擺開排著次序，論品級打頭跟二挨著碟兒聞。……安場已畢先生才上，好些個闊家恭維如見大賓……令諸公一句一誇一字一贊，衆心同悦衆口同音。但聽得陪著書聲成群咂嘴，我暗笑哪裏有搭大的葫蘆裝這些人。……誰知道但有聲音全犯惡，我偏又鼻子一酸打了個嚔噴。惹得諸公齊驚看，神情怪我亂清音。……〔三〕

《郭棟兒》：上了場幾句詩篇俗派得很，粉紅字不敢斟酌含裹含糊。形容那古人的相貌五官挪位，改變作今人的話語一味的村粗。……最可笑在座聽書多少位，靜悄悄鴉雀無聲咳嗽也無，説書的見人愛聽愈發得意，更把

〔一〕參見陳曉（2014）基於清後期至民國初年北京話文獻語料的個案研究，北京大學博士論文，§2.4，3.1。
〔二〕引自鄧濤、劉立文（1994）中國古代戲劇文學史，北京：北京廣播學院出版社，157頁。
〔三〕引自北京市民族古籍整理出版規劃小组（1994）《清蒙古車王府藏子弟書》，北京：國際文化出版公司，49—50頁。

那諸般的醜態義託盤兒現出。……冷不防説一句歇後語，招的那滿座聽書的笑個足。……〔一〕

作者雖施以諷刺的口吻，但却真實體現了當時社會，包含通俗語言甚至是「村粗」語言的曲藝形式受到熱烈追捧，亦包括有身份地位的人在内，愛慕傳統「清音雅調」的人已是「無處安身」，格格不入。這樣的語言風格在《十全福》中也屢見不鮮：不僅有大量通俗的口白，亦有較爲粗俗的語言，甚至偶有情色成分，作爲崑曲的《十全福》，明顯與傳統的「崑曲雅部」風格不符，但却正符合時代及思想意識的變遷。

因此，特殊的社會環境造就了與其相符的劇本的産生，《十全福》在當時衆多沿襲傳統的戲曲劇本中，確實是一部頗具特色的劇本。它不仅口白比例甚大，保存了大量早期北京話口語現象，且反映了當時戲曲演出的實際情況。儘管其中依然存在文言、南方方言（吴語等）的成分，但不能因此忽略其價值。一部《十全福》，包含了萬千内容，無論是對戲曲史、漢語史還是北京話的研究都有積極作用。

筆者有幸一睹「玉霜簃藏曲」的原貌，特别受到博士導師王洪君教授的推薦與支持，以及北京大學圖書館李雲、吴曉雲、潘筠、朱强、楊雲等諸多老師的幫助，特此致謝！現《十全福》得以影印出版，實乃一大幸事。

〔一〕引自北京市民族古籍整理出版規劃小组（1994）《清蒙古車王府藏子弟書》，北京：國際文化出版公司，45—46頁。

图書在版編目(CIP)數據

十全福/(清)佚名著；陳曉導讀. —北京：北京大學出版社，2017.9
(早期北京話珍本典籍校釋與研究)
ISBN 978-7-301-28683-8

Ⅰ. ①十… Ⅱ. ①佚… ②陳… Ⅲ. ①北京話—研究 ②古代戲曲—劇本—中國—清後期 Ⅳ. ①H172.1 ②I237

中國版本圖書館CIP數據核字(2017)第214139號

書　　名	十全福 SHIQUANFU
著作責任者	［清］佚名　著　陳曉　導讀
責任編輯	王鐵軍　孫　嫻
標準書號	ISBN 978-7-301-28683-8
出版發行	北京大學出版社
地　　址	北京市海淀區成府路205號　100871
網　　址	http://www.pup.cn　　新浪微博：@北京大學出版社
電子信箱	zpup@pup.cn
電　　話	郵購部 62752015　發行部 62750672　編輯部 62753027
印 刷 者	北京虎彩文化傳播有限公司
經 銷 者	新華書店 720毫米×1020毫米　16開本　31.25印張　162千字 2017年9月第1版　2017年9月第1次印刷
定　　價	128.00元

早期北京話珍稀文獻集成
主編 劉雲

十全福
分卷主編 陳曉

十全福

[清]佚名 著
陳曉 導讀

國家出版基金項目
NATIONAL PUBLICATION FOUNDATION

北京大學出版社
PEKING UNIVERSITY PRESS

北京大學中國語言學研究中心

十全福頭本目録

〔海屋添籌〕（水旗水雲舞上引四龍王四毒蘇寫四海昇平八海童各執奇寶巡海使者仝唱）

〔粉蝶兒〕貝闕珠寮、俺這裡貝闕寮、摟簾綃海天晴曉、照扶桑紅日初高、岱輿山員嶠樹、祥煙籠罩（白）方丈蓬萊壺福地生、扶桑日出繞龍鱗、九天早進安瀾頌、海不揚波萬萬春、（東）吾乃東海敖廣是也（西）吾乃西海敖欽是也（南）吾乃南海敖禹是也（北）吾乃北海敖舜是也（東）列公請了（衆）請了、（東白）

東 吾等位列波臣、職司水府、今當海屋添籌獻瑞之期、欽奉玉旨、各駕虹梁、先至海屋、待群仙諸物畢集、海屋添籌、

仝赴蟠桃大會巡海夜叉（鬼衣上）小心巡察（鬼衣下）（上）水簇們（水衣）

（龍）駕起虹梁就往海屋去者（上）領法旨（擺橋梁各過橋仝唱）〔好事近〕

天半彩虹飄一道銀梁排早鏡中指点分明雁齒紅橋高低曲彔砌

魚鱗六六工何巧躡層階足底仙雲俯雕闌眼前瑤島（龍王海童下雲搭門旗遮出八水怪形上跳舞先下換本身四人上各指宝物上唱）〔石榴花〕則見那蘸春波一帶碧迢迢（又四形下換四人上背宝旂雲仝下怪合唱）則对自旭日海門高又何須醉騎鯨背壓雲涛煙廻

峯抱虹影成橋（白）我等乃水族八怪是也今日兩地蟠桃大会四

位龍君齊駕虹梁去了闻得暹罗国

句引倭兵要与明主作对，列位賢弟，趂此龍君駕出，我等何不盗出真宝，假入暹罗作一番事業，趂此机会，快快前往。（唱）則俺這趂 天風ミミミミ踪影声吹落。（跳下，夜叉上）海上六鰲魚還未駕，汪洋八怪去无踪。太子爺有請。（白龍上）龍宮水府長生樂，四海汪洋萬萬年。（夜叉）太子爺不好了。（龙）為何大驚小怪。（夜叉）今日四海龙主齐駕虹梁，邀請群仙仝覌海屋添籌，不想水族八怪趂龙君駕出，盗窃真宝，逃出水府去了。（龙）吓，有这等事，你可速往海屋報与龙君知道。（夜叉应下）（龙）阿呀，想他们如今盗窃珍宝，逃出水府，必然殘害生灵。吓，也罢，俺不免帶

了宝旂趕上前去隨机应变降伏他們便了（唱）使咱火起难消氣惱
可惜那水晶宫〻〻〻〻〻〻藏異珍一〻多失掉一齐的逃出汪洋昕
鈞韶（帯宝旂追下八仙各执宝福禄財喜上）（泣顏回）舞鸞歌鳳瑞雨云
踏波登浪消遥朝遊北海宛轉再向嵩高（金星廣成子赤松子浮邱伯
容成公仝上接唱）昇平四海慶春台化洽皆欢笑（仝白）列位大仙請了（衆仙）請
星君何往（金日生）特奉玉旨仝往東海觀瞻海上六鰲駕成海屋一座以
彰四海昇平之慶（衆仙）既如此我等一仝並駕齐驅（金星）就請仝行（各）請
（仝唱）際昌期海宴同欢海中央海屋雲高（下善才撑舡龙女摇舡觀音坐蓮

辦上唱(仝)

〔聞鶴鶉〕見了些〻態翻〻群鶴飛騰〻〻〻〻〻〻〻〻〻蕊濃〻瑶花奇艸遥望着叠〻層〻遥望着叠層〻一碧环〻錦巒綉島山

(大士白)妙吓你看海屋中瑞雲繞〻香鼎内炉烟裊〻真乃佳景也(仝叹)

似这般海上嵯峨駕六鰲〻剛帶着珠斗柄緑雲稍影漾〻梦橑祥〇霓〻〻〻〻〻〻〻〻鸞嘈〻觚稜鳳鳥(大吹打四龙王八仙福禄財喜金星四大弟子仝上見科　大士)

妙吓六鰲海上駕虹梁海屋籌添舞鶴壯(吏)

四海昇成佳兆長空鶴唳動悠揚(仝叹)

〔叠字犯〕艷〻的虹梁光耀翠生〻炉烟瓢渺齊聲〻仝視舞影漾〻祥雲繞(細吹打南極仙翁上到進見老

人稽首（乘）仙翁為何來遲（南）老人欲往西池赴会聞得列位渡虹梁駕
六鰲為此帶了白鶴特地前來助興添籌增瑞也（叹）踴躍趨蹡添籌
加兆（乘全唱）暖溶溶晴雲繡靄ミミミミミミ（罗古）白鶴添籌飛舞下乘
白呼 你看籌添海屋香烟篆文明明現出福如東海四字南極仙翁
駕臨又增上寿比南山也（唱）馥馥霏霏異香繚繞韵悠悠听蓬
萊一曲响天籥（東方朔上）俺來也 吓哈哈 果然在此海屋添籌哩（乘）
東方仙翁為何愴忙而來（東）西方佛祖長老須菩提諸比丘比丘尼
優婆塞優婆夷一切天神阿修罗久候瑤池金母命我急急趕來

邀請列公早赴蟠桃聖會、（大士）金母催迫、就此赴会去者、（巡海夜叉報上）啟上、龍王、（龍君）今有水族八怪盜取珍宝、逃出水府、白龍三太子追趕去了、（龍王）再去打听、（夜叉）得令、（下）（龍王）既是八怪盜窃奇珍、逃出水府中原必受其害、待小神親自前往擒回便了、（大士）就是龍君親自前往未必擒來、且赴過蟠桃宴、我自有擒他之法、（龍王）多謝菩薩、（大士）大家同赴蟠桃会去者、（衆）請、（又唱）頌安瀾、欢声繞、一徑的祥雲駕造、今日里的海昇平、賀聖朝、（下）

〔巵言〕（小生冠帶上）〔謁金门〕怀錦綉挾策金门求售蕋榜高登三甲
首姓字傳人口一旦功名入手好把时匡世救致君澤民清宇宙事
業光前後（白）十載埋頭逐蠹魚一朝釋褐步雲衢從今好展
擎天手砥柱中流志不迂下官姓林名俊表字待用福建莆田
人也七歲精通經史十三叨補廩餼不幸椿萱継逝去秋服闋
即叨鄉薦今春北上战捷南宫書生之愿已酬報国之心方啟
前日命下即授刑部員外郎之職聖恩隆重涓埃难报正是食
禄忠君當尽職肯甘尸素受人非連日謁座師拜上官同僚慶

賀宴會繁冗今日始得安闲不免独飲三杯瀟灑片時長班（末暗上應生）看酒伺候（末）曉得（生唱）錦堂月）寶鴨香浮正風和日麗凭欄小酌消憂甫尽三杯心事頓然迤逗（白）想人生樂事者全榜題名洞房花燭也（末）像老爺這等少年科第又聘下楊州言府小姐不日請旨完姻這总福分真人間少有也（生）叫我聘下楊州言府之親你那里知道（末）前日有原任潮陽太守言老爺差人來京探听老爺喜信小的們打听明白了（生）吖原來如此咳只是我老爺性好风流情耽花柳最愛徵歌選色酷喜倚翠

假紅正妻不過以德容為重如賓似友若欲尋聲採色還當問柳尋花咦只被這官箴所繫也（唱）動徹有礼法相拘牵制着皇家職（末白）小的做長班有年隨侍过了不知多少老爺若是講道学的不擅愛風流愛風流的不講道学誰似老爺道学風流兩兼善都也是稀有（生）咳可見你們閱歷虽多未逢真道学也即如古來威望如謝安出遊必携妓女剛正如韓愈開筵必立紅裙所以古來名士多擅風流美女殢人賢者不免若止言道学不愛風流者真乃迂腐之儒也吶～（末）老爺既愛風流又拘礼法只

消多娶幾位小夫人這就官箴无碍了（生）兆听汝一言恍若大悟待娶了言氏之後廣尋美女以供眼前聲色消我平生志愿（末）是吓（生）呀呸是何言也（末）又是什庅（生）咳我今既食君禄當思立身报国才是正道怎庅反想閨房樂事末（末）唉〻又道学起来（生）呸〻豈有此理（丑上）才離金馬門又到刑曹寓老爺小的叩頭（生）那里差來的（丑）小的是刘探花老爺的長班刘老爺請各位同年老爺赴席有名帖在此（生）呀〻喝長班你去回覆老爺说我哪独酌暢飲已经酩酊沉醉与我多〻致谢（丑）今日刘老爺喚齊教坊美女預備一應雜劇承應

好不熱鬧（生念云）吖 有教坊美女（丑）正是（生）阿呀妙 既有紅裙 阿阿 何不早

說長班帶馬（末應生叹）提心口正想歌舞如雲 適來相湊（末丑隨生下）

（大吹打 乘扮執事 硬牌二对寫通玄翊教 又 廣善大法師 四校尉 全付鑾駕二）

（旗牌執袈裟毘羅帽引淨蟒服上 合唱）

【醉翁子】前後列騶從如雲 遂走 擺金吾儀衛 蹌蹡 執冑（淨白）

吾乃通圓翊教廣善國師繼曉是也 原籍蘇州 謊騙營生

只為官府追迫 因此半路出家 因當今成化皇帝酷教〔好〕佛教 信用

方術 為此夤緣 投在太常寺李孜省門下 進獻妙藥 聖心欢喜 蒙

李公引薦 得近〔覲〕龍顏 我就將採战之術 奏上 聖心大悅 就封我為左善

世之職自此捜録異方書廣善佛事我又將長生不老一片虛詞說得
聖心如醉如痴為此加封廣善國師金吾儀仗那些和尚道士匠人
作坊諸役人等饋送金銀者即衛士前驅直個朝臣之上无双天子之
下第一△便写經作工已曾收下幾十名一併奏上蒙恩收録授職名曰傳奉
官只有冠帶近來拆毀居民数百家命户部發国帑二十萬啟建大
永昌寺任我横行无人側目哈ㄋㄧㄨ△適才陪侍内苑此时朝罷歸第打
導（旗牌）打導回府（史在同叹）希覯遭際君王試問闍黎如我否（合旦）行
过处看肅静街衢鷄犬无有（尾）君荣異教無差謬術士真傳叠進

收—採、战、通宵、搖、不、休（下）

叱僧（衆匠官服上白淨木作匠）只知工作賤（付漆作匠）也有做官人（石匠）平時叫師父（塑佛匠）今日老爺稱（各）請了我們乃木作漆作塑佛作石作各作匠頭兒的便是只為聖上建造大永昌寺因此花了銀錢走了繼曉国师门路捐得傳奉官（衆）也筭匠人隊裡出秀了（淨）昨日命下習禮我們快到禮部衙門伺候（衆）有理請吓（淨）滿朝朱紫貴（合）盡是匠工人年兄請（譯下末跟小生上）老爺坐穩了看仔細（小生哈〻）果然美殺人也（端正好）一宴欢娱言难訴立朝端忠和奸鋤終有日肅朝綱政事还從古總展俺胸中負（四匠上）請吓（見生跼蹐揖介生）吓〻住了〻〻是什么官兒礼数不週何等樣人（四）我

們都是傳奉官（生）唔何為傳奉官（〇）今當皇上新例不論百工技藝但能与国家办事有功都給冠帶榮身故為傳奉官（生）吖此等你們各道名上來（淨）小官木作頭談墨線是也（付）小官漆匠頭專用灰是也（丑）小官石匠頭見居不斷是也（雜）小官塑佛像匠頭見倪仁軌是也（生）哈哈原來是一班匠人唔与皇家办了何事遂膺爵賞呢（〇）聖上勅建大永昌寺於西華門外我等建寺有功得有此美職也（生）唔我到要問你們聖上何故建寺（〇）聖上去年于東市建了鎮国寺賜与国師継曉居住国师嫌其地窄故尔又建大永昌寺以作国师下院（生）唔那

継曉不过江湖上一个賣藥僧人有何德行特建二寺与他居住（の）国师
奏明建造寺院即種福田保祈圣上長生萬年故此都城内外建造寺
塔有數十餘处拆毁民房幾百餘家豈在这兩个大寺乎（生）吓阿呀
拆毁民房幾百餘家建立僧寺数十餘处　咻　国帑錢粮如為糞土也（の）
大喊起來了（末）我家老爺醉了請便罢（の）我们走罢（下生又）（四）（合）以再
不料圣明君睿智疏陳　竟被那遊僧狂言將心蠱建浮屠国帑
糜費多毁民居黎庶家氣數坐享有九州の海大皇（面）又何
必崇虚侫佛來求福（末白）老爺請息怒若論継曉罪惡多端

人民痛罵老爺也氣不得这許多（生唱）更將把这名兒將來挑

賤徒官裳肯与工奴伍（末介白）还不传息思田富去罷（生連叹）怎的不惱殺人

也么哥怎的不恨殺人也么哥必竟要牽衣折檻把奸僧悞国行〻訴

（二車夫外差官上）車來出外猶如虎田家狠毒狠（生）住了〻〻車上插着

奉旨採办是何衙门承差（外）我是国师手下差役往江南採办

藥料的（生）吓又是継曉手下 吓 採办什么药料呢（外）药料也不多

幾樣不过是陽起石海狗腎石燕而已（生）吓这些多是與陽之

物他要来何用（外）無非合成妙藥進呈上用（生）呼 吓 放其狗屁長

班与我拏下就將他做了執証(末應外)呔我們奉旨拏奴你敢挐
我(車夫)不要睬他我們幹我們的事(外)快走々々(下生)吩咐々一發罷
了咳々々阿呀我一向不過耳聞其事今則目擊的了 嘛(脫布衫)
怒奸僧邪術似狐蠱君王聖志模糊(內白)前面官兒快些々下馬
国师爺來也(末)啟爺国师爺來了我們閃过一边(生唱)々我正要見
這禿驢快々迎上前去(末)老爺讓他去罷(生吓)难道我怕他不成(叹)
恨不能上方立請霎时间斬賊頭顱(下吹打前末執事人全上淨白)
入侍袖藏奇藥進退朝身惹御香归(生上)馬來(末跟上劝淨)呸是

何等官見見我敢不下馬（生）吾乃刑部員外郎林（淨）吓 原來是林俊你既是大臣當知礼法為何攬轡直衝我尊（生）我非但攬轡直衝汝尊今日吥吥直欲殺你（淨）吓我与你風馬無關何故殺我（生）你講說虛無進獻春藥蠱惑明君拆毀民居建立僧寺耗費国帑天下人人皆欲殺你豈待我乎（淨）哈哈 這也可笑（生）〔不梁她〕可知你罪悪多端罄竹声書禿頭顱發我昆吾（淨）唔 林俊我与你素昧平生毫無仇怨何故前來辱我（生）吾職列刑曹分當除佞況為天下公憤何必仇怨也（叹）除奸斬佞分當吾何須忤他人和怨有偏枯（淨）唬

林俊吾乃本西方佛子特來護國佑民爾等迂腐拘儒讀了這幾句死書那曉梵經佛法當今皇上信奉佛教方得四海昇平國泰民安尔等臣僚亦叨福庇不知感戴反來辱我只怕恐你死在頭上也（生）哈哈哈好個西方佛子護國佑民 呸 賊禿驢（淨）哇 狂生（生）你進獻春藥淫惑聖主罪該寸剮（台篇）引君王酒色荒淫度萬金軀倘消毀如何（淨白）哈哈罷了罷了哇 林俊我佛門正教安得有此你敢捏拾浮言污衊高僧罪該萬死（生）呀呀呸 庄庄有據件件是實少不得貿奏君前將你寸磔示衆（淨）可 你既要貿奏君前眼前敢和我面聖去么（生）若去面聖

叱僧

陳情歷數罪惡，管教你，即时授首。（淨下馬）好，到是面圣的好，但凴圣上処分便了。武士，前边引導。（衆應下末）老爺还請回衙去罷。（生）呀呸，誰要你管！（下馬淨扯生）（末下）狂生快走。（生）阿唷，（叹）激得我冲牛斗填胸怒，向君前剖訴，咗，曲直自清楚。（各扭）走走走。（扯下四太監宮女引成化皇帝上介）（帝）（引）祥煙成瑞靄，花影珠簾幙。（白）四海風清慶太和，边烽休息兆民歌。無為坐政雍熙化，喜見昇平樂事多。朕乃大明成化天子是也。先帝丕基賴羣臣用命，喜得物阜財豐，民殷歲稔，可以優遊宴樂，花柳怡情，適纔在文華殿殿覽閱文章，頗覺生煩，不免与萬妃飲宴取樂内侍（監應帝）擺駕往昭德宫去者（监）領旨（老太監暗上）奴婢啟上萬歲宫門外国师继晓与刑部林俊扭結見駕（帝）有這等事快々宣進來（老）領旨万岁爺有旨宣継曉林俊見駕（生净上）領旨臣林俊継曉見駕愿吾皇万岁（帝）二卿何事扭結見朕（净）臣与林俊毫無仇隙途遇指名辱罵情實難受求吾皇宸断（帝）林俊你与継曉有何仇隙途次指名辱罵有失大臣体統明白奏來（生）臣啟陛下臣為妖僧継曉導淫惑君殃民禍国正思叅奏適見僭用金吾儀仗吆喝大臣下馬避道威制勝于王侯臣為法紀悖乱不覺憤怒

于心言隨口出望陛下速速斬妖僧以謝天下則臣感戴万民幸甚（帝唔）若論金吾儀仗係朕躬所賜不為僭越且把禍国殃民之処一一奏来（淨）我有何罪你到講来（生）耗費国帑創建佛寺（淨）再（生）濫叨爵禄下及賤工（淨）再（生）進淫污術誘蕩明君（淨）吔（生）僭越儀制瀆乱朝班（淨）這多是圣上主意强来归罪于我可还有了（生）則這幾庄你罪該万死　阿呀　陛下吓現今河南山東連年饑饉百姓流離餓尸填道賑濟無術可為流涕今陛下听信繼曉之言糜金建寺若將此金賑濟饑民救活生灵万万今以有用之錢財

供無益之枉費咊繼曉之罪擢髮难数矣（净）建寺者原爲君王祈福何爲枉費（生）阿呀陛下咊（朝天子）則这幾庄見罪辜毒殃民失所急傳工移賑猶难補（帝）建寺興工俱属朕意与繼曉何辜（净）陛下圣明臣冤白矣（生）陛下從来爵以馭貴禄今無故爵禄于賤工庸流玷污朝班亦出繼曉作俑（帝）此亦是寡人主意与繼曉何涉（净）万岁（生）阿呀陛下如此曲護繼曉無非惑其媚藥淫欢以致遭其籠絡豈可貪片刻之欢忘性命之憂陛下若不速斬繼曉焉能方正心身圣躬安危（唱）那裡有陰陽交

泰天然过度又何必奉藥餌求相助请把心正身修妖誅邪杜才保得圣躬安臣民堵（净白）臣啟陛下林俊指臣為名實係言談君過這也罢了如何咒咀圣駕起來请陛下思之（帝）唔林俊假抑浮言污蔑朕躬猶可如何咒起寡人來當得何罪念你新進迂儒不知世務從寬革職立追归田永不起復内侍剥去冠带逐出午門（净）武士們（衆暗上净）圣上有旨将林俊剥去冠帯逐出午门（衆老剥衣推生下净）臣僧繼曉叩謝天恩（帝）平身（净）万岁（帝）賜坐（净）万々岁臣僧今日若不遇明主險喪林俊之手（帝）此等迂儒醋大何足記

怀卿家次進固元丹朕一夜連御數女次日精神如旧後進之藥非但不能通宵反覺肢劳体倦汝可原合固元丹朕當優賞(淨)陛下固元丹原不易合(帝)為何(淨)丹中有味藥名曰青童髓生採者佳此藥出在江南最不易尋臣僧方才所奏長生不老者名曰採陰之法必須煉習九九成功真元不漏固本延年聖体康泰長生不老(帝)何為採陰之法(淨)此法當選十三四精壯的幼女如含蕊之花初次月經名曰紅鉛收之配藥服下然後臨御採其真陰只消百女之後就得長生矣(帝)有此妙方豈可不用但寡人御極以來未

常選秀宫中並無幼女奈何（淨）陛下何不下片尺之詔誰敢不遵（帝）下詔点秀一恐言長諫阻二恐地方長勝蔽不能副望耳（淨）臣受吾主厚恩未常报効愿讨此差親往江南採選幼女遍覓青童隨以供陛下長生（帝）妙哉只見卿家忠君愛主就命卿家爲江南採訪大使欽賜勅書一道上方劍一口便宜行事所到州县任憑採選文武官員如有阻撓即爲抗旨欽限半載無負朕意（淨）万岁（帝）内侍徹宴内苑与国师餞行（内監應（淨）謝吾皇万々岁（帝）圣僧今日辞朝去（淨）江南自此降灾殃（全下）生急上吖哈々罢了吓々々天下人々

叱僧

皆知继晓之恶，而不敢言。所惜者官也，所畏者死也。所以我今冒昧上言，反遭君怒。唏，自此再再无人言矣。（唱）叹君王见左，继有时感悟，那时节忠奸黑白分门户。（白）唉，我林俊一腔热血化作冰消矣。趁此急离鄗城，归细樵牧，终身再不到热闹场中来也。（煞尾）恨奸僧蛊术多，惑君王似野狐，把忠良斥逐言无补，也不得神殛天诛，将秃倿屠。（下）

〔擊牌〕〔八水怪上〕〔点絳唇〕法力高强，天生奇相威風蕩，扶助興邦，尽道魔星降。〔全白〕久困水中，遵使行未展，施威出海門龍宮異寶，今窃取要奪明朝錦乾坤。請了。〔蜯〕我等自离水府，欲投暹羅，帮助鉄頭太子先破重圍。〔平〕你看營門高掛免戰牌，我等正好乘机而進。請。〔水底魚〕要展神通，今宵刻滿中免戰擊破，揔疾速振元戎〻〻〻。〔四將上白〕吠！何人擅擊免戰牌？〔八〕報去說名山八仙特地到此，来助太子興邦定覇朝，望乞通报。〔の〕请少待。太子爺有请。〔中末扮兵引鉄頭太子上〕〔鬥鵪鶉〕俺生來心性剛慨，一味價心粗胆大，只為旨缺貢天台，今日个重圍

难解（上台の将白）啟上太子爺營外有八位仙長怒擊免战牌要見太
子爺（鉄）可曾问他從何处来（の）他们说名山八仙特来帮助太子爷
與邦定霸（鉄）如此说来父王之福也道有请（衆应）（鉄唱）忙倒屣掬躬
相迎方始他翻江攪海（吹打鉄出見）列位仙長（衆）太子（各）请（各見介鉄
小邦何幸敢劳列位仙長下凡至此（衆）我等為暹罗久困百姓流离
故尔下山扶主新與快请元帅發兵我等方好帮助成功（鉄）元帅被天
朝明将高奇射中左臂因此高懸免战（衆）如此快请来一見（鉄）过
来好生扶元帅上帳（の）元帅有请（衆扶徐海上病状）阿呦（唱）要当先遭困

危难教俺离扉寨(八白吓)元帅(叹)凴着俺百万官軍一遇着俺似摧葱
切菜(徐白)聞得列位大仙下降吾主之福万民之幸也本帅就死也
得甘心矣(八)但不知元帅因何累折軍威(徐)高奇万夫难敵我与
他連战数陣未曾占他一分便宜前日这廝詐败揚输暗放一箭
傷了左臂疼痛非常是一枝药箭若得仙長報復此仇徐
海死在九泉亦得瞑目矣(蟒)元帅勿憂凴他利害毒氣只消
俺一道灵符瘡口立刻平復(铁)如此就请施行(蟒)随俺来(徐随
下(铁)不知列位仙長用多少人馬方可解得重圍(螃三姑)吓太子(叹)

〔紫花兒序〕要解圍安營立寨，砲震雷轟，（衆唱）閃爍爍旌旆炫彩，明晃晃劍戟齊開，隊伍端排，號令聽差，到處去展威風，嚇得那神鬼駭。（徐跟蟒上）霎时间病退灾消，（全唱）須索併力齐心並列官階。（衆白）恭喜元帥。（徐）此皆佘仙师神力也。（蟒）不敢。（報上）啟元帥，高奇讨战營前大罵。（徐）帶馬抬鎗。（鉄）且慢，再去打听。（報下）元帥不必性急，且請列位仙長入城，先見朝家父，然後商议解圍便了。（衆）有理，請。（合）〔煞尾〕長驅直入無妨碍，此去万馬軍中量將材，憑有俺千舸万艘艦逞兇來，真个是妙筭神机誰能解。（下）

【又一體擊牌】（八怪上白）走吓（又）【普天樂】離水府多欢樂盜奇珍
真誇妙（衆白）我等乃八怪是也盜竊海藏奇宝投入暹羅帮助鉄頭
太子成其大功（一）早知他們被困重圍我們急急前去解救便了（蛇
且慢我們必得变化仙家模樣纔好前去（衆）大哥言之有理如此我
等大家变来（下放烟火）（换八人）（仙家扮上各看笑介）吓哈哈妙吓（合又）变
仙形甚覓逍遥量本領世人怎曉（蛇白）来此已是营門你看高懸
免戰牌我等正好乘机而進（衆）有理（合又）看懸着旗飄免战掛
高挑使人怒冲擊牌令彼知曉（四将上白）呔何人擅擊免战牌

（蛇）報去說名山八仙特地到此來助太子興邦定霸乞煩通報（四）請少待太子有請（衆番兵引鉄頭太子上又）（朝天子）俺生性猛豪缺貢獻大朝交鋒失利被困牢（四白）啟太子爺營外有八位仙長怒擊免戰牌要見太子爺（鉄）可曾問明從何處而來（四）他們說是名山八仙特來帮助太子興邦定霸的（鉄）哈哈如此說來父王之福也吩咐快開營門（大吹打出接鉄）吓列位仙長（衆）太子（鉄）小邦何幸敢勞列位仙長駕臨至此（衆）我等因知貴國被困百姓流離故尔下山扶助新興快請發兵一戰成功（鉄）徐元帥批掌兵权困被天朝名將

高奇射中左臂為此高懸免战（東）如此快請来一見（鉄）过来好
生扶元帥上帳（四）吥元帥有請（四扶徐海上）阿唷 老战貪功身受
傷陰謀暗箭最难防（鉄）吥元帥今有名山八位大仙降临特
請元帥出来相見（徐）阿呀……难得列位大仙降下臨帮助小国解
救重圍真乃吾主之福萬民之幸也（八）請問元帥因何累折軍
威（徐）那高奇有万夫不挡之勇本帥与他連战数陣不能占他
半分便宜前日这厮詐敗佯輸暗放一箭傷了左臂那知是
枝藥箭故尔疼痛非常諒难活命若得列位大仙报復此仇

徐海即死九泉亦得瞑目矣（蛇）元帥不用憂愁凴他利害毒氣只消一道靈符管教瘡口立即平復（鉄）如此甚好就請施行（蛇）請到後帳待俺書符（徐）領命請（鉄）將校伏侍仙長元帥往後營去（將）吓（全下）（鉄）請問列位仙長有何妙法可救重圍（衆）怪吓太子（全）要解圍易商用不多將校仗俺們法力妙奮身強直搗營教他勢敗忙跑斬帥將立刻盡消ゝゝゝ（徐等上徐白）哈ゝ果然瘡口立刻平復了（衆）恭喜元帥（徐）此皆衆仙長之神力也（报上）報啟元帥高奇討戰營前大罵（徐）帶馬抬鎗待俺與這廝決一死戰

〔鉄〕且慢再去打听〔报〕得令〔下〕〔鉄〕元帥不必性急且请列位仙長入城先朝見父王商議解圍便了〔宋〕有理请〔全以〕〔尾〕此时暂息雷霆怒且見君王再计較曾教他將死兵亡一旦消〔全〕请〔下〕

（遣拐）（付上）少年無賴在江湖，拐騙生涯誰奈何。事敗逃生投勢耀，国师門下受恩多。區區萬福人人叫，我萬惡快在江湖。拐騙為業，只為国师要用小兒腦髓合藥，所以招集我等替他幹那營生。争奈京城帝都之地，不敢下手，因此悶坐街齋。今日国师入朝未回，只得在此伺候。（雜）從來好吃穿，家業去無踪。万哥請了。（付）祁兄弟，今日国师入宮，怎広这时候还不見回來。（内唱介全云）道猶未了，国师來也。（末引净上）（静）乂恩天隨此際，外方由我施為。（末）国师回府。（付雜）卸下。（末衣下净）哈〻我好快活。（二人）国师今日下朝為何如此欢喜？（净）待我告訴你們，今日路遇刑部林俊不知何故这厮必欲致我于死地我与他扭结面圣捏成数款必要害我幸亏圣上明鑑不信浮言将他革职归田永不起復此為一喜(二人)这等说还有何喜事(淨)我向年教你们遍覓小兒取脑合成的妙藥圣上今已用完又向我索取(二人)阿呀这便怎庅处(淨)我想别樣藥容易这一百個小兒脑子在京实难下手為此心生一計(二人)生何计(淨)劝圣上選十三四岁幼女採陰補陽以求長生圣上准奏立时封我為採訪大使往江南採办秀女藥物欽賜勅书上方便宜行事哈〻〻你道喜不喜(二人)如此说如今是欽差了国师得此美差定然飽載而归小

的们也沾恩惠了（净）这个自然我眼前只有你二人是我心腹目下就差
你二人替我仐兩庄大事（二人）国师分付敢不尽心（净）那林俊虽然革職归田
难消胸中恶氣我命你赶上林俊將他殺之赶到揚州等我便了（雜）但
不知林俊籍貫何處（净）叮叮他是福建蒲田人氏（雜）知道了（净）万福
你可星夜先到揚州有个原任潮陽太守言吉交向日有罪來京投我
門下得命还鄉今与你书一封先到他家投遞倘有嬰兒存頓他家你
須要用心察访美貌幼女拐騙小兒俟我到时能交納一百之數其功
不小（付）曉得了（净）你们快去改換服式待我修起书来（二人应下）（净唱）【玉

胞肚〕睽違隔歲諒安居康寧志怡我如嬰兒孩上用非虛仗伊家存頓扶持（二人換衣上淨白）万福你見了言老爺說我多〻拜上事関机密不可洩漏（唱）欽承机密会心期應變由衷善用奇（二人白）曉得（淨）你們須要小心（二人衣下二旂牌上）啟国师爺聖旨催迫請国师爺起馬（淨）就此起馬（二旂牌應）国师有令就此起馬（衆齊暗上）得令（合）〔尾〕煌〻天使威权勢到处官民驚異欽命緇衣勢焰巍巍（下）

〔留田愛〕〈小軍二中軍引王恕上全唱〉〔太子花〕為河工連歲狂瀾治無能術智淺另特簡命濬通盡善從此後可無水患（白）下官王恕字宗貫三原人也威任應天巡撫家屬僑居揚州只為河工水患不息奉命總督河道臨治諸河幸尔立竣忽有聖旨欽召便可就道回家一別打尊回府（衆衣同唱）風憲看白叟黃童稱羲（羨）（下付上白）幼作長班隨意氣揚賭錢吃酒養婆娘錢財到手湯澆雪到老貧时精打光區〻叫做栢華一生作事無能有前無後這些輕薄嘴改了不那〻〻兩字狠坏竟不那百抓〻〻不料这一抓直到如今我從幼跟隨三原王老爺在江西做布政之时賞了個丫豆与我後来

陞任河南巡撫我就常常偷出衙門嫖娼宿妓無所不為老爺得知立時赶出老婆氣病身亡遺下一个十歲的女兒叫愛玉我因一貧如洗只得賣与陝西巡撫鄭時老爺那里做歌姬得了一百銀子東投西奔一無善処旧年王老爺轉迁應天巡撫兼理總督河道家眷移居揚州我就哀求夫人蒙恩賞賜看管花園到也安閑自在不道鄭老爺欽召進京做了刑部官恐怕招揺風声不便携帶歌姬進京因此立刻差人送还各家豈非一件美事待我進去禀知夫人一声 哦 恰好夫人進園來了（旦上梅香跟）（引）年來老兩鬢星星懶梳粧羞臨寶鏡（付白）

栢華接夫人(作上接引)侍衾裯已作專房喜育麟生欢慶(旦白)二娘坐
了(作)告坐了(付)園丁栢華有事禀上夫人(旦)有何事禀起来说(付)小
人女兒愛玉十歲上賣与陝西巡撫鄭老爺處做歌姬今年十七歲了
鄭老爺陞任京官不便携帶所以差人送还小人特求夫人恩容入府全住
故尔請命夫人(旦)你女兒從幼原是我衙中生養皆為你不端故同逐出
今鄭府既已発还容你領来全住便了(付)多谢夫人如此小人就去領来(旦)
快去(付)曉得只求主母允便得女兒安(下旦)妾身陳氏相公王恕向任
河南巡撫去歲調任江蘇因此家眷喬居揚州二娘賈氏乃姑夫林美

使女我丈妇四旬無子故將他送与相公為妾且喜所生一子取名承裕
小字馨郎今已七歲聰明迥異頭角軒昂 吓 二娘 （作 夫人 （旦 自我
姑丈姑娘亡後止留外甥林俊今授部曹可為克紹箕裘家声不
替矣 （作 夫人論我旧主林老爺一生行善自然後啟當興書香有蔭
（旦 便是 （全 （宜春令） 自古仁人後必昌 （馨郎騎竹馬摇鼓跑上 甲都 （丑乳
娘追上介 公子不要乱跑回来看裁着了 （唛 夫人二娘多在花園頑見 （旦 怎公
不在書房攻书来到花园做什么 （馨 今日功課多完的了 （作 吓 日才晌午不
信功課完了 （馨 早完了 （跑 頑介作 我不信 （丑 二娘公子書是背的了 对也

对过了字多寫了半天了先生再要上书学说我要去頑児一回要上
书晌午再说罢（作）胡说快々領他李中去（馨氣旦）住了既然功課已完
由他頑耍片时罢（丑）是了（作）呸領他李中去（旦唱）既然課工完遊还有
方到底児童幼稚容他片刻閑行蕩（鼓眉曲内白）奶娘你来追我嗐（丑
阿呀我是跑不快你要慢々的走（馨跌介作哭作）阿呀々快扶起来（丑赶上
完了々々如何我说栽了不是再不肯听一句话的不用哭了好々児去頑罢
（下旦）妙吓（連唱）似這等膝下承欢也算做班衣来往（付領占上）這里来
（占）方出候門第又到旧高衙（付）来々々見了大人（占）大人在上待愛玉叩頭

（旦）罢了（占唱）只道浮花浪蕊谁料再依屏幌（付白）見了二娘（占）二娘叩頭了（作）请起（旦吥）愛玉（占）夫人（旦）我記得你出我衙斋鬟才揔角数年不見竟長得这等風流可喜（付）連小人也不信到像换了一个人兒了（旦）你在鄭府学了多少技藝可细细说与我知道（占）夫人容禀【前腔】箫和管俱擅長更筝琵色傳来有方清歌妙舞新声度曲成绝唱学碁詩閒撫絲桐草塗鴉丹青畧仿只此些些小技敢誇非浪（馨換曲内）頑物上見占發鬼臉白吥二娘这是那個（作抱馨耳語介旦吥）管絃歌舞詩画琴碁尽皆精妙可称為女中雅士也我今正少閨中伴侶竟陪我内

衙作伴便了（占）多謝夫人（旦）吓　栢華你女兒具此人才又擅此諸技日

後不是庸人之婦倘擇配聯姻多要稟我知道切不可將他終身躭

悞了（付）多謝夫人（占）全仗夫人作主（馨）你叫愛玉么（占）爹爹這是誰（付）小

公子（馨）少説話抱抱我（占）好位公子我来抱你（丑上）公子你又跑来了可要

抱抱你罷（馨）不要你抱我喜欢要他抱我（丑）先生打發人找你半天了快快

去罷（馨）我不啜（丑）不去回来先生要打了快去罷（馨）我偏不要你抱（丑）

抱下（旦白完即曲）【浣溪紗】女事夫終身仰賢人須要審詳似此紅顏

好女求佳壻切莫浪配庸流少主張（付白）曉得謹遵夫人台命（老院）

（子报上）安乡逍遥樂忙报東君回啟夫人县中来报老爺欽召進京路过馬頭即刻回府（占夜旦作）呵有这等事你们多随我出去迎接（末夜旦）君命無躭擱（末）急忙倒履迎（旦末下占）爹你到船上把箱子行李連琵琶弦子一共胞兒多發到里边来罢（付）曉得了待我就去好快活〻〻〻（下占）好了如今有了泰山之靠就不怕我那糊塗爹了（馨香又換頑物上）吓愛主快同我去頑兒去（占）老爺回来了快些出去迎接（換馨香下小軍中軍王恕上）（前腔）公尔私情非浪轉家門松菊猶存（小軍白）老爺回府（院子上）夫人有請（旦作占馨梅香上旦）怎么说（院）老爺回来了（王恕）

夫人下官回來了（旦作）相公老爺回來了（馨）爹爹（王）我兒近日先生功課如何

（馨）爹你納万安罷狠是錯不了（王）哈哈（占）老爺在上愛玉叩頭（王）吓此

女何人（旦）就是栢華之女愛玉在陝西鄭公衙內今日回來的（王）吖元來

就是此女哑竟如此長成了可喜吓吓吓夫人下官奉旨欽召未知聖

意如何爲此就道回來一見夫人二娘在家須要好生訓誨馨郎（唱）宦

途未卜南和北再遣安車到草堂（旦作）相公老爺這個不消囑咐只是

相公老爺長途保重（王）聖旨欽限不敢遲延就此拜別（旦作）妾等也有一拜

（合唱）登程徃此一去暫睽違莫凝望止不過百日徬徨（旦申全下王）帶馬（合

唱〔尾〕一鞭遥指皇都往蹀躞花驄道路長待謁金門覲圣王〔下〕

【惻救】（小生）加鞭趲路（雜應跟上小生唱）【傾杯賞芙蓉】收拾起宝劍瑤琴返故園元是書生面經歷〻宦海風波荣辱關頭得失凴天来去悠然（白）小生林俊因彈劾妖僧便遭斥逐人以為憂我以為樂只為一身許國不能暢尋樂地今不得其言則去豈不遂我素志此番回去順道揚州就親先自鼓瑟調琴成其好合然後尋花問柳則平生之愿足矣行了半月已到山東界上了掌鞭的（衆應生）這是什么地方了（雜）是東平州了（生）當此暮春夏初草木敷荣之際因何樹木無皮草茅希有什么緣故（衆）爺你能不知道可怜山東荒旱三年了草木不生穀

难下種人民饑饉無以為食把這草根樹皮多吃尽了所以如此

(生)咳外面饑荒如此圣主悮信妖僧煽惑靡費斗金建這寺[口尔]繼曉

之罪上通于天不可逭也(唱)但見那田間列裂坼成赤地怪不得草

木难滋民食艰(杂)爺你瞧那边溝內多少死屍尽是餓死的饑民可

怜不可怜(生)阿呀 你看尸填溝壑絕望炊煙 咳 好不傷心慘目也(唱)尸

填遍溝壑野阡好教我救荒無術空自泪如泉(杂)加鞭走罢(下男

女飢民上)阿呀 好苦吓 年荒無可度米貴賽如珠三日無飯吃如何捱

得过我等乃東平州鄉民是也可怜荒旱三載田地不能下種斗米

千鄉人民餓死大半、（一）閑话少說、我们多是三天、水米不曾打牙、想个
计較才好（女）我们妇道家、有何计較、常言道、要吃要穿、才嫁汗子、餓
了三天了、到向我們有什么主意、除非做强盗、打劫人家去、（衆）不錯、听
得沙河一帯、以强凌弱、守候单身人过去、剥衣殺来當飯、（女）这么
说、我們大伙見孛、他们吃人去、（一）但是大家餓得那么兼見、如何幹
得此句当、（女）前後总是一死、打倒别人吃他、丟不倒别人吃我、怕什么、
（衆）人总然打不動、或是鴉、或是狗、就可飽飡一頓了、（衆）不錯、（狗叫）
（衆）噢、天無绝人之路、狗来了、（丑）我们先打狗来吃、（狗上衆）打々々、（追狗下生）

蹅上）呀你看这些〻鄉民追肖一犬往田間去了阿唷〻〻行了半日口燥得

紫掌鞭的（杂跟上夜生）这裡有个井亭在此你可好汲些〻水来解渴

（杂）是了井有多深阿呀井底朝天那里来一点水（生）有这等事（杂）你

能瞧吓（生）第住了馬（看介）呀（刷子芙蓉）井底已無泉这才為久亢

到处皆然嘆何罪苍生罹此劫数熬煎（末民追狗上狗躲生背後鑽衣

生）住了〻〻你們為何将这狗来痛打（末）我们三日无飯餓不过打狗

来充饑（生）元来是飢民（末）打他出来打〻〻（生）住了狗虽是畜生也是

一条性命你们不过无食救飢待我与你们些〻銀鈔放生如何（末）有了

鈔就好買物充飢了(生)如此与你們五鈔銀子去罷(衆)相公既行好事
我們人衆必須斗米之鈔方可飽飡一頓(生)一斗米要多少鈔(衆)
一千大錢(生)如此取一貫不与他們去罷(亲)是不在此拏了去罷(衆)
多謝相公得此一貫不可飽三日肚(下生)咳狗吠狗我看你外邊生磨
死搖尾乞憐甚有靈性不該荒村乱闖(狗搖尾生)如今這些人已去
遠你可回家去罷(狗作拜介生)呀(唱)看他綿纏有意的依違不去敢
有意言难訴是(亲)請上馬(狗咬生衣搖尾生)呀你敢是無家可归感我
救你性命要隨我去可是么(狗得頭生)阿呀但我家住蒲田归途甚

近怎好帶得咗路上你可会走么（狗得頭生）好你今日遇我死而復生
就取名復生在路也好呼喚可知道么（狗得豆生）看他顛頭理会叫
他一声吓復生（狗叫生）復生（狗又叫生）哈哈奇啦（桀）畜生如此通灵真
奇事也（生唱）一樣曉逃生感德眼睜睜自覺可惜不能言（桀）復生
（狗叫搖尾桀）這里來（狗跳縱叫生）哈哈隨我來（下狗縱下中飢民上）可餓
死我了荒年飢餓实難存一日三飡没得吞情極算來無可奈只得
商量人吃人我们乃餓不死的鄉民是也為因連年荒旱无处
求食連草根樹皮都没处找尋了（一）再餓也餓不起了為此聚

集人衆、守在新嘉驛、等候单身客人走过、打倒了殺来当飯、你們大家一擁而上、（衆）這個自然、（白淨丑内应）太爺吓、（衆）嘆、远远有个花子、到也肥胖、佟句一頓飽飯、我們还上去、这叫殺一命来養一命、殺得人来、養得人（下丑上披草薦砍焗赤膊赤脚）有剩菜粥飯吓、求捨一碗、花子餓死了、救救狗命罢、（唉）、〔錦纏芙蓉〕苦难言、泣窮途、无人見怜、那更有病纏綿、勉撑持、求乞受尽迍迍、（白）我姓桑、名長興、揚州人氏、從幼好吃懶做、死要臉、顧不来、充朋友、勾不着、教人家頑兒个勾、相好甚廣、没得錢的、我就塞上褲子反面无情、所以这些壞蛋把桑長興三字改作喪良心、你也喪良心、我也喪良心弄得人人害怕衣食不週頭兒不開所以想起一位旧交的大朋友是賣春藥的拐子手无所不為这么个好人到底是誰此人姓萬名福人人起他的外号叫万恶前年上京投入国师府里狠得臉兒所以我对美些些盤纏投奔到京裡去找他誰知早已出差到南边去了好運氣來是來了錢是早光的了人又一个也不認得羕羕又幹不来怎么好没法了哇只好回去要死到底死在家鄉故尔叫化而归来到山東道上偏偏發起瘧子來了走又走不動又遇着山東这么个年成那堀去討奢昨日就餓了一天此刻身上又有些些寒寒上來了咳咳真是貧

病相連怎干好奢（唱）苦殺我病軀兒难捱道路更难禁餓虚見腹
内声喧（众民上）吠花子不要走（丑）不走給我飰吃（众）你要吃飯（丑）可不
（众）呸你餓昏了罷（丑）猜着了昨日就餓了一天了（众）我们赶来你是拿什么的
（丑）不給我飯吃就給我錢（众）給錢吓我們来摟你的（丑）你們摟我甚的
（众）呸摟你（丑）呸这才是你们昏了罷我是要飯的花子昨日一天就没有
吃飯正餓的昏天黑地的在这塊到想狠起我来了真瞎了眼了（众）今日
摟定了你了（丑）要摟定我哪就是这么个光身子在这塊你们大家拏去
吃罷（脱草荐众）实告訴你说罷我们多是本处居民連年荒旱粿粒

无收草根樹皮多吃尽了餓不过拏你殺了当一頓飽飯吃（丑）阿呀乘位太爺们可怜我是异鄉人到京投親不遇討飯回家々里还有八十岁的老娘求乘位爺們饒了我这条狗命罷（乘）你說一百句也是白說我大伙兒餓了三天了眼前現放着肉不吃可不獃了（唱）难容免伊休不愿这的是羊入屠門怎得望生还（捉殺介）殺々々（丑）阿呀强盗殺人快来々救人吓（小生急上）掌鞭的快与我拏下（乘应）呔休得无礼官長在此（狗趕上咬介乘）阿呀（跪小生）哇我把你們这一班无法无天的强盗白昼行凶杀人快与我捆了送到衙門治罪（乘）阿呀我们不是强

盗多是本地飢民只為忍餓不过杀花子来充飢就是官府知道也不好拿我们治罪（生）胡说聚众杀人怎不治罪（众）我们这里連年荒旱到处人吃人官長明知不能禁的（生）咳遭此飢荒却教官長也无法可治豈不可嘆（众）你既是别处官長你自走你的路不要管閑事我們大家動手杀杀（丑）阿呀救命吓（生）住了住了（众）飢民住手你们不过為飢寒所迫我今与你们几貫錢欲買飯充飢放了这花子罢（众）我们原為飢餓並不是故竟[意]行兇老爺既有資助我们自然饒他（生）如此取兩貫分与他们（杂应）是一路还做

这此〻好事哩你们拏去罢(末)多谢老爷杀人有善报天赐得青蚨(下丑)多谢相公活命之恩请上受我一拜(生)罢了你既在此求乞当知道路险事为何不向城市中觅食来此荒僻处遭难(丑)相公我是因乡人投親不遇路过求食(生)你是那里人往何处投亲细〻说与我知道(丑)我扬州人叫桑長興往北京投親不遇(雁吶兒落)山川安知路险遭大难非君命捐(生白)你家中还有何人(丑连唱)孤身迢递程途远奈无方点金术(生白)你既穷途流落乏钞还乡我又身伴无人随侍何不权时暂为家僕随我到了扬州凭凡你自便如何

（丑）相公若肯容留，情愿終身侍奉，以报相公再生之恩。（生）如此甚
好，掌鞭的，行囊中有旧衣帽，取一付出来与他换了。（杂应）来了。造化
你。（丑）多谢相公。（唱）谢超生出死，真是恩同二天。（合唱）極奇难，僕喜
主欢，莫道是无因遇合，到底有前缘。（内唱尊杂）有官府来了，请
下了馬暫躲一躲。（生）有理。（暗下。四小军、王恕上，仝唱）【桃红菊】君命召，
兼程趲走，途路忘昏旦。一身许国劳何惮，遥瞻帝阙云霞掩。（王白）
下官王恕，钦召進京，兼程進發。前面已是新嘉驛，快快趲行。（众应，合叹）
揚鞭去，安辞路难。（小生上中随上，小生叹）嘆人生有谁能跳出利名関。（王恕白）吓，

道旁可是林外甥（小生）呀，元來就是母旧大人，（王下馬介）呀呀呀，果然是外甥，（生）母旧大人請上待甥兒拜見，（王）道路之間只行長礼，（生）從命，（王）恭喜外甥，科名高掇，聯擢部曹，從此扶搖直上，使我不勝欢喜，（生）咳不要說起，（王）為何，（生）甥兒不合彈劾妖僧继曉，觸忤圣心，罷職歸田了，（王）呵你為彈劾继曉罷職歸田了，（生）正是，（王）哈哈哈，好，滿朝臣宰，尽皆箝口結舌，尔一新進書生，竟不避斧鉞，直言諍諫，這才不負圣賢之学，可敬吓可羨，（生）惶恐，請問母旧大人何往，（王）老夫治河工竣，欽召進京，我此去亦有除奸之意，（生）母旧却將何術動之，（王）當思妙計回天必斬妖僧于闕下（生）若得毋旧斡旋國政則天下臣民感戴不淺（狗走介）（王）吓、錫見此犬既非異種又不豐肥隨地皆有何不棄之挈归何爲（生）此犬適才飢民口中奪來此畜感恩恋恋故此携之（王）吓難道此间以犬爲食么（生）不但此犬哪即此奴亦從飢民口内奪來的（王）吁更有這等事（生）故此錫兒呵（普天芙蓉）恐縱〔縱〕归时仍遭难故携行終其善（王白）元來此地竟致杀人作饑圣君安坐九重不爲知外方生民之塗炭乎（唱）黎民數赤手傷殘妖僧罪万死当然（白）外甥此番归田可往寒家一顧老荊小妾聘〔盼〕待久矣（生）錫兒一到揚州不惟拜

候旧母意欲即往岳家就親（唱）河洲畔関雎賦爲兩〻的瑟琴樂

鼓在林泉（王白）好宜室宜家正该如此（生）大人努力運籌剪滅妖僧甥

兒在揚恭聽好音（王）谋事在人成事在天欽限在身不得久停（生）甥兒

就此拜别（王）不消（合叹）（尾）旧甥巧遇途中面念切除奸聘信傳（生秉

下王怒白）快些趲行（秉燭唱）試看幻想玄機定格天（下）

破圍

（白旂卒引高英上白）生長汪洋胆潑天，能征慣[習]戰如風電，匹馬單鎗神鬼懼，威風殺氣定妻閙。俺閩中鎮海總兵高奇次子高英是也。只為父親駕海征蠻，隨營効力，殺得暹羅国抱頭鼠竄。係海中傷高悬免戰，方才打下戰書，今日定决雌雄，只得在此伺候。（衆軍將引高奇上）（点絳唇）威鎮雄関，能征慣戰。忠心電，動地驚天，助聖英雄漢。（白過見）孩兒叅見。（高）我兒少礼。坐鎮雄関軍令高，海邦誰敢犯吾疆。胸中俠氣扶明主，赤胆忠心保聖朝。本帥高奇是也。久鎮閩中，兵强將勇。不想暹羅国王三年缺貢，吾主欽差到彼催貢，同罪可恨倭寇徐海挑唆暹罗国王抗旨拒使，囚禁不返。圣上大怒，今奉都堂将令，命俺统领大兵征讨。杀得倭蛮抱头鼠窜，方才又差人打下战书，要决雌雄。大小三军（众应）奋勇杀上前去。（仝唱）【五更转】倭蛮似海潮，蹦跳如狼豹，仗威风（豪）涉水登山飞跳，籐牌剑戟铊和刀，临阵交锋一味苗。（下。倭兵八怪徐海上，仝唱）神威浩堂堂，国号凭将军持勇，一战定皇朝。（徐白）俺倭兵队长徐海是也。只恨明朝天子依强欺弱，无故遣使问罪。为此带领合洞儿郎前来交战，不想高奇伤了一箭，幸得名山八位大仙到此助主兴隆。今日会战，众儿郎杀上前去。（众喊仝叹）【前腔】【整

戈復鉈刀跨馬旋旂耀去当先奮勇杀气冲霄威風糾糾人驚跳

乔将森森意似鼇（高乐对陣高白）吠倭蛮前日不死本帅之手以作漏

網之魚何故又来送死（徐）今日奉国主之命特来我汝戕首（唱）神威

浩蕩蕩国号憑凡将軍持勇一战定皇朝（杀介闲宝又杀高死徐白）呼

你看高奇全軍兵馬多被列位大仙一鼓扫尽矣（蟒）列位仙長我

們仗此法宝先取闽中一带地方然後杀進中原豈不是好（乐）大仙言

之有理（徐）发兵有日何必性急且仗法勝鼓回国大犒三軍擇日发

兵渡海便了（乐）有理（徐）乐将就此班师（乐应以（尾声））仙师法力真

奇妙跨海冲鋒奪圣朝那怕他百萬貔貅一旦消（下）

十全福二本目録

〔囑騙〕〔淨上白〕小伙快叫坑死人來打馬吊吓 哈哈〔梨花兒〕三十登科閭里欽十年太守軍民恨貪心太过惹灾星 嗏 削官閑坐真煩悶〔白〕寒儒得第便為官一見金銀就喜欢不顧声名惟博富財高削㦸諒因貪下官古文揚州人氏夫人早喪止留一女名喚如玉幼許新科林俊為室尚未完姻 咳 我想起做潮陽太守的時湀貪心太过有一起土豪威逼人命事我貪了被告這買命的將原告反坐誣告寃撫按提叅拏問摘印那时我情極了只得走了継曉一囯

路委過下人方得從寬削職歸田閑坐在家甚是寂寞想再花些銀子懇求国师復还原職恰好我女婿林俊中了進士特授刑曹圣上寵幸之至我意欲進京同我家姑爺商量无奈女兒未曾过門难于親近為此偹下万金粧奩待我親自送女兒進京完其好事諒女婿心然欢喜那时求他打幹自然与我尽心極力而办這才妥當喚言興言瑞進来（小童跟上）是了興瑞二大〻老爺叫（末外上）来了主人有財勢奴仆也軒昂老爺有何吩付（淨）你們知道我家姑爺做了刑

都了吓我老爷親送小姐進京与林姑爷成亲粧奩要办得齊整

你们快去唤一百名銀匠(末应净)一百名裁縫五十名錫匠五十名

銅匠木漆匠两作也得一百名快来講價明日就要動工的、、

衣下生上)啟爷外面有京中廣善大国师幹办下書(净)叫国

师差人快請進来(生)是差官有請(丑上)命承大和佛来下一

封書言老萬福叩豆(净)阿呀、、萬尊官请起、、(丑)国师有要

緊重托特遣万祸有書呈上(净)取来我看国师在京平安(丑)托庇

(净)待我来看(介)封書机密事奉闻在尊卿覓百嬰藏軍

閣要深仗包罗事不輕童傈君王不老藥採女供君作花陣兵
內中情問東人指是日南東面詢承（白）阿呦 果是一庄机密大事
你們迴避（乘應下丑）國師多々致意要求言老爺做个護法 淨
我向日犯事在京多蒙國師救援今日委此重任敢不盡心
但要請教點選精壯秀女五十名採戰赌覓嬰兒一百合長生
丹進上真能彀長生么（丑）待我細々告稟（淨）請教々々（丑）當今
皇上因中年未得太子所以國師々々々々此丹服之仏
發百中若講到長生不过益壽延年之妙（淨）阿呀 妙々得狠極了

我正為膝下无見常怀憂悶若有此丹藥非但有子亦且益
寿延年阿呀但是这一百个细娃子如何弄得到手（丑）老爷不
用發愁我们国师亲自传授的摇魂定魄法对着孩子頭上
这么一下（净）阿一噌（丑）随我就走（净）吖竟有这么巧意頭哩妙
妙妙萬尊官正数完结另外替我也弄几十个有一名是十两
良子相谢还要求国师配合此丹倘弄了標致的女孩見素
与你一百两一名如何（丑）多谢老爷万福告退（净）往那塊去（丑）
去我个下处住下才好办事（净）唉甚的话你既与国师办事

就住在我府中何妨（丑）阿呦〻〻動也動不得（淨）為甚的（丑）我們幹的句當元是私事、二來怕人認識就住了下处也得五天一換三天一搬何况老爺府上有了宝貨到府交纳就是〻〻就是如此（丑）我去了（淨）恕不送了哇（丑）不敢〻〻只要賸些銀子那

殺人見女（下淨）哈〻〻快活〻〻如今可為有子也不怕死後了（丫頭内白）小姐出堂（旦上）（引）聞语驚心慌急諫忠言当尽（白）爹〻（淨）姑娘甚的貴幹来到中堂（旦）孩兒在屏風後听得爹〻受妖僧煽惑听信頑悪之愚喜圖自己延嗣先害他人兒女故孩兒急來劝

阻（淨）劝阻那一個（旦）望爹爹休听邪言當行正道（淨）吓自古不孝有三无後為大為父的年过半百膝下无兒焉敢錯过你怎么到来劝我是何礼也（旦）阿呀爹爹吓（月見高）要求綿孕須要心慈惻隱施德併仁義天賜麒麟那有杀命求兒莿棘聆生笋望爹爹切莫為傷害多嬰（淨）嗐一團高興望生見子接續香據你说来那後嗣一一妄的了吖我明明我这百万家財多是你的了恐怕有了後代你不能獨此家產所以来阻我的行事（旦）爹爹差矣窮通有命隨支貴賤孩兒既

许林門自有林门之産，决不敢覬覦父親家業，只望爹爹要存天理良心，自然天降麒麟，切不可傷殘人家兒女性命。(净)可依你那公說，只要有天理良心四个字，就有兒子了。(旦)便是。(净)放屁，如今的人顧了良心，怎得大富大貴，多子多孫。吓，你看我不積陰功的，偏要養幾個兒子你瞧瞧。(旦)既是爹爹執意如此，孩兒亦焉敢勸阻。(净)兒吓，這便才是。(旦)只是爹爹既要藏匿嬰兒，須當秘密，但不知安放何處。(净)外廂斷然安放不得，除非在你繡房傍边，堆放當鋪物件，那個落地方，好藏閑孩子。(旦)地面雖然幽僻，那

會轄之人最是要緊爹〻今何人收管（淨）男子恐他洩漏風声況且七零八落揚東要待齊一百才用还要好生贍養只怕自然命掌家婆收管才好（旦）此等殺生大事若命下人必然不謹倘有疎虞災禍不小（淨）依你怎干（旦）左右在繡房側首莫若教孩兒收管方无失悮（淨）好呀这才是我的好女兒哩你快去分付奴仆们打掃潔淨以待安放嬰兒便了（言畀上）啟老爺各匠頭多已喚来都在前廳候候（淨）知道了姑娘各匠在外我要去安排粧奩的事情了（旦）爹〻請便（淨）只知行我事怎得顧天良（下）（旦）阿呀你

看我爹〻一味兇頑忠言相劝反生氣惱為此驟轉欢容偏言
承順再想保全群孩性命便了　唉　爹〻吓害人見女想求嗣
不但无見禍必生（下桑長吳上白）嘿〻　大难临身又得生今朝到得
有安身我桑長吳前者在山東道上遇着飢民險喪其命幸喜
遇着林相公救了性命見我说得可怜收留為奴细〻一问元來
是罢職刑曹这到还有点子把急頭從山東一路服侍今日來
到揚州叫我先上岸到瓊花觀前言府報信一路问來说前面
高大墻門便是　哦　这塊有報条在此待我來瞧〻　捷報貴府令

坦大老爺林名俊欽授刑部員外郎一点兒也不錯有人沒有（末上）
什么人（雜）我是尊府林姑爺家人特來通信（末）吓元來是林姑爺
的管家阿呀失敬了（雜）不敢〻（末）敢是前來下書去〻不是敝上人
現在河下（末）吓林姑爺何是出京到此（雜）順便特來就親的（末）吓
元來告假完姻了（雜）言老爺可在府中（末）家爺近日足不出户備办
粧奩正要送小姐進京完姻却好姑爺來了快請來相見我去通
報（雜）火啓（末）請便（雜）好大來頭真体面好揚氣這个主見跟着了
（下末）老爺有請（淨上）求榮心正熱慕嗣意偏深怎幹（末）林姑爺舟

泊馬頭，先遣家人到此通報。林姑爺即刻到门了。（淨）吓，林姑爺
在京做官，有甚的公幹來到这塊？（末）老奴也曾向过來人說，就親
而來。（淨）吓，是了是了，想是告假完姻了。（末）是告假完姻。（淨）妙哉妙哉。
这天大的喜事，你們快到小姐跟前報去。（末應下）（淨）哈哈，我正要
仗他的门路復官，无法去見他，今見他到來了，豈非天從人愿，
就打今日，博他个喜欢，奉承他起了。吓，言瑞。（外急上）來了來了，老爺
有何分付？（淨）拿我們這些人全教〔叫〕他們來。（外應）吓，各位兄弟多
走出來，老爺立等。（元亨利貞吳縣瑞）（四院子上）來了來了，老爺有何分付？

（淨）言亨与我前〻後〻打掃潔淨（亨）是了（下淨）言財各所上掛燈
结綵〻球要鮮明多要掛玻璃灯另外擺設上等供器（財應下淨）
言貞管茶房（貞應下淨）言財喚鼓手六局要全（財應下淨）言吳
管廚房准備上等官席伺候林姑爺接風（末）老爺林姑爺即刻
就到自己办万〻來不及（淨）阿呀〻这急于好備（末）只好到碧香泉
去現办才能穩當（淨）呸不錯但是館子上的菜如何請得貴客
（末）只要多花些〻銀子怕不豐盛（淨）去对他們说要備兩棹三十
六樣上等的好菜色〻多要海味珍饈下脫会千件〻俱要精

工細品只要豐盛價錢不論馬利快來（末應淨）來吓（末應淨）另外中席十六樣也要好看（末）款待家中人何用十六樣（淨）咳你們不曉得他們京里下來見过大十面的到我这塊必須勝似京中不然就看輕了哇（末應介）言瑞你去定上等名班快來伺候林姑爺（瑞）老爺上等名班馬上亦不及只好外班嚷嚷罷（淨）咳胡說外班如何奉敬貴客文班必得洪班武班必須春台就喚这兩个班子就是了吖（瑞）老洪班要老爺出帖到洪府上借才妥當（淨）你不早說快快備帖快去快來（瑞）老爺借洪班除了東家送禮

餘外雜用班裡花消要二百多銀子咤（淨打瑞）臭騷姆莫說二
百就是二千銀是我老爺如拿出來就是了（瑞）另外还要賞錢
咤（淨）唉我多曉得快去快來罷（瑞應下院上）啟老爺前後打掃得干
干淨々連螞蟻多沒得一个茶房預備得停々當々吹鼓手六局
多已喚到了（淨）甚好々々你們多到门口伺候林姑爺到時通報
（二人下淨）來小（院）有（淨）看我的大衣服过來（院應換衣言畢上）老爺
菜已定停當了（淨）那塊定的（畢）碧薌泉定的（淨）吃好（畢）上下兩
頓大菜三十六樣下脫会千件々精工細品中席十六樣又添了十

六樣点心（淨）狠好〻〻一擡多少鈔（丑）每擡三十六兩中桌十兩上下兩桌二十兩一共九十二兩銀子（淨）如何我原說現成菜忌用不得（丑）為何（淨）太賤了吓（丑）現成酒席已是極品了况林姑爺必要盤桓几天日子何在今日（淨）噯你們那里曉得今日頭一天下馬就待〔息〕慢了他豈見得心里咗过不去的麽（丑）今日算便飯明日叫了官厨自備就是了（淨）你去告訴賬房的林姑爺一應的賞錢賞封多是我这塊代賞不要破費他一厘半分再分付家人仆妇们俱要穿戴整齐少頃多要出來拜見林姑爺（丑应下棄板帖上）

那位在（二院上）什么人（末）家爺到（二院）請少待啟爺林姑爺到了（净

驚狀）吖到了么快分付前後吹打（院喝云净上）說我出迎（院）家爺

出迎（末）相公有請（小生上）怎么說（末）通報過了（小生）吓岳丈（净）吓

賢婿（呆介）吓為何不穿冠帶還是衣巾好奇怪賢婿請（小生）

岳父請（净）賢婿是客請吓（小生）小婿怎敢僭越（净）如此我們並行〻

（小生）岳父請岳父請台坐待小婿拜見（净）不敢愚舅也有一拜今日

雀屏開乘龙貴客來（小生）愧称吹风客落魄到秦台（净）請坐（小生）

岳父在上小婿怎敢坐（净）說甚的話賢婿乃貴客况又初次到舍

那有不坐之礼（小生）如此告坐了（坐介献茶净）不得手奉了哇（小生）不敢
（净）请吓（小生恭）岳父请（净见亲）吓管家来吓你们老爷为何不穿
冠带吓还是衣巾（末）我们主人的皮气爱这么个打扮（净）吓吓是是
其中一定有个卯竅呢待我来问他呸不好我此刻正要叫他欢
喜如何才到就问他打扮可不是得罪他了么不可不可（末）来吓（院应
（净）班子来了没有（院）还没有哩（净）快去催催（院）多少人催去了（净）
换茶（院应言瑞奔上）阿一歪妈妈跑死了了了老爷春台还未到老洪班
人箱多来了（净）多来了快快开箱预备点戏（瑞）是了（下净）来吓

（院座净）唤家人僕妇们多来叩見姑爺、（院东）是了、你们多出来道喜（东上仝）家人们磕頭恭喜姑爺、（小生）请起、（四梅香上）丫环们恭喜姑爺、（小生）不消请起、長興看封見、（柰衣净）不消賢婿費心、畧旧一ゝ停當了、（拿刃盤封）来吓、家人仆妇们領賞、謝ゝ姑爺、（衆）多謝姑爺、（生二）请起、（梅香）阿呀、好一位標致姑爺、我们报与小姐知道、（下小生）長興見了太老爺、（衆）是、長興叩頭、（净）不敢、请起、来吓、賞姑爺的管家一大封、言興陪到花所款待、（小生）謝了太老爺、（衆）多謝太老爺、（净）有慢得狠哩、（瑞興衣同衆下瑞）敬爺酒完了、（净）起楽、（院座净生对定反席完生）

告坐（淨）多礼了請坐賢婿遠来事其愴悴无以爲歎草草不恭聊爲洗塵改日潔诚奉欵以消今見之罪（小生）多謝岳丈大人（淨）此处有一老洪班多是些些老明公老脚色（小生）小婿聞名久矣真个裏雷灌耳却未曾目覩（淨）今日賢婿点他們些些雜劇軸子賞鑑賞鑑暢飲一笑呼呼（小生）妙極小婿最愛笙歌頗以周郎自負一向在京寂寞異常今蒙賞觀絶劇使小婿如久旱逢甘露也（淨）如此說末愚婿竟湊着了呀哈哈哈分付余鬍子拿戲目点戲（院）副末先生点戲（生扮開場）大大爺（淨）余先生辛苦（生）礼當伺候（淨）

賢婿，這是末腳余維琛老名公東了，這是我家的姑爺（生）呀呀

可就是大門上貼的報条是刑部林老爺（淨）是的呀呀（生）恭喜

大老爺（小生）不敢（淨）請姑爺点戲（生）是呀呀，請大老爺点戲（小

生）唉呀呀，你怎么只管叫我是大老爺，我如今是白衣人了，不可

如此称呼（淨唬介生）是呀呀，請林爺点戲（小生看物淨）吓，甚的呀呀叫

做白衣人吓（小生）這个呸，一言难尽（淨呆）呀呀，如此到要請教（生）請

林爺点了戲再講罢（淨）唉，不用点，随你们唱齣出就是了（生）

是呀呀（下淨）快快請教（小生）小婿因弹劾妖僧継曉，触忤圣上，

戢归田永不起復所以布衣而返（净）吓你ミ弹劾继曉罢戢归田永不起復了么（小生）正是（净立起）呀ミミ呸（泣介白）（闻言罢斥怒填膺（跳加官净）不用唱了下去罢（院子放賞旦拾封）（謝賞院）兜（封）（净搶）臭驢姆入的兜ミ你媽的八子（打院子）阿歪（净）見什么鬼（搶加官臉踢）（加官跌白）阿哇ミ打坏了（净）还要唱甚的戲快ミ兜滚下去罢（加官）什么你挐梅红帖子請我们来的怎么打起我来了么（净）不唱了滚出去（加官）什么滚出去（净）滚出去（加官）呸我王斌文加官跳了六十多年到没有被人打过什么还叫我滚出去（净）滚出去（加官）咳我王斌文七十多歲还

死不彀同你併掉了罷（加官撞淨乘劝介淨）吓々小伏你瘋了么（加官）你瘋了（乘劝）罷了々々我們且回去明日講話（余胡子乘劝）王老爹我們明兒到貴寓叩頭陪罪請下去罷（加官）阿一哇牙齒多跌掉了下丫了吓（末架下淨）来（阿子）院是了（淨）阿喲（唱）我一腔熱念成氷过来速移席去休教污我高所（白）走（小生）那裡去（淨）楠木所不配你吃酒之处到門房裡去吃到完了罷隨我走（小生）住々了方才初進門時異樣殷勤恭敬為何一霎時就这般奚落我是何道理（淨）你还不曉得吧我起初恭敬奉承无為你是位做高官的新貴人此刻怠慢奚

落赭是羞你這不知時務背時的士（下）（小生）那見得我是背時的
下士（淨）嗳（唱）你詩書枉讀怎生價打退榮華遲（小生白）引正斥邪
正是聖賢遺教怎反說我枉讀詩書 哈哈可笑（淨）走來自古識
時務者呼為俊傑當今聖上最信任的只有國師也滿朝臣
宰誰不低頭你少年僥倖得了一官不趨奉他也罷怎心干到去
彈劾他起來 呸（又）好端端無事尋非把終身事業沉淪（小
（生白）住了我因繼曉蠱惑明君直諫遭斥少不得有日奸僧惡
貫滿盈呵（又）前言非繆（謬）定相徵鷺序鵷班重進（淨白）哈哈哈

現在功名尚且送掉再想復職做官敢是做夢（叹）吾家閨女被伊家悞盡終身（小生白）阿呀我此際雖然罷斥清史留名振于都下有甚不端之处悞了令愛的終身（净）咻〻〻由来女子隨夫賤隨夫貴你此时若还是个秀才咻舉人咻还有巴激想頭咻你此番触忤圣心永不起復 阿呀可不被你悞尽終身了么（叹）此生无望嘆紅顏自古多薄命（白）咻 阿呀 恨極了我了（小生咻）你还有何恨处（净）只恨我当初瞎了眼將女兒許配了靡人了（叹）到如今快悔從前辱门墻真是不幸（小生白）阿呀我

亦非貪黷被斥黜竟就說我是廢人了哈〻〻（淨）咳你若貪黷被黜到还可貪下的金銀蠢緣復職（小生）阿呸一派污耳之言誰來睬你（淨）唗你如今与国師做了对頭还有甚的出頭的好日可（千秋歲）笑枉生睡夢何曾醒唗恨不得另結良姻（小生白）住〻了听你这般口氣敢是要想賴婚不成（淨）唗我就賴婚你敢奈何于我（叹）配偶非人〻〻〻何妨由我别選高門（小生白）阿呀我林俊乃當世奇男子人间大丈夫今日被这勢利小人視為廢物与其被他逼迫我退婚何不我先去弃他还落

得个硬漢之名 呸〻 竟是这等吓 言吉交 净 呔〻 唗〻 畜生

你敢辱我名字反了〻〻 （小生） 我对你講我林俊自負奇才必須

淑女為妻方成配偶今观汝之勢利必知尔女之不良你可速〻

还我原聘十全福各選別姓可也 （叹）〻 冰和炭难同並男和女

重尋聘再配須當准切莫要炎凉須刻又要別婚 （净白） 林

俊你不可戲言吓 （小生） 呀〻 呸大丈夫一言既出駟馬难追只要

还我十全福姻事立休 （净） 好得狠了吓 言瑞过来 （院应） （净） 你

進去对管首飾的老媽子说林相公当日原聘十全福取了

出來（院座净）末吓唧〻的莫把小姐知吓（院）曉得了（下净）這箇

唉我方才賴婚二字不过是句氣話你竟認了真此番是你

自己索聘到了日後不要懊悔吓　小生　言吉交你這勢利小人

当招紈褲兒郎為婿我林俊風流潇洒当以賢良淑女為

配一時姻緣錯訂今日里呵（越恁好）合當改正〻〻〻何必有

繁文（净白）好（接唱）你一言既出然後没更移（桑上白）活了一偹子

看也没有看見过这樣好菜蔬可惜肚子小裝不下去了

哦為甚的〻〻〻什么意思（院子取十全福上）啟爺　十全福有了（净）

取末吓 林先生十全福有了請收好了（小生看介）嘿ゝゝ也好（唱）
吾家故物还我身无容争競（淨白）這个林先生既退了親
是朋情了請終了席去（丑）哦退了親了（小生）唗言吉交你
忽喜忽怒真是絶頂小人 吓我林俊終有日会你（収）從今
風馬无関影覌伊招何等東床倩 吁哈ゝ（氣下又丑）不用
跑慢ゝ兒走着（赶下淨）吓哈ゝ頃刻之間被我換了三番
孔再不道这狂生到是个決烈汗子我是為他新中了進士
又特授刑曹故尒要奉承他所以花这幾百兩銀子听

他說了永不起復心中快恬惡言頓裝他竟自愿退婚立逼原聘拿了就去哈ヾ再沒有这么称心欢喜的了我如今另選高門方称吾愿也（紅綉鞋）伏他提挈升騰ヾヾ一心仕路前程ヾヾ（梅香振上）阿呀老爺在那塊（白）吓為甚的这么慌法（梅）老爺不好了小姐知道老爺退还了原聘十全福忿怒在心跌倒在地不醒[省]人事了（淨）可有这等事你先去我就進來（梅）快些ヾ進去罢（下）（淨）我就進來嗳真是歹娃了吓ヾヾヾ（叹）這是他索聘我應承並非是强逼凌

急忙快去辯分明（急下 小生急上 桑跟上 桑）慢〻兒的走 可跑死
我了（小生）吖〻 好恼吖〻〻（扈〻）末时攏上秦樓 凭谁料反索轉
過家玉鏡（白）吖〻〻 豈有此理 不想言吉文 这等炎凉世態
的老賊 忽喜忽怒 无耻之徒也（桑吐介）这一路儍跑 把海菜
多闹了出来了 到底為着甚的闹將起来（小生）不要你管 你
到船上取了行李 帶了 復生 问到竹西亭王巡撫家花園来
便了（桑）哦 竹西亭王巡撫花園 是了 又是一个大来頭 我的
时運来了（下 小生）唉 叹 須信姻緣似浪萍 吖〻〻 氣死我

也下

【旁惜】（占上）〔懶畫眉〕幼入侯門似浮沉，誰料重歸意自欣。（白）我愛玉從小生長王府，十歲上沒了娘，被我那沒魂的老子賣与陝西巡撫鄭老爺，倚門內做了歌姬。也虧我聰明伶俐，吹彈歌舞件件都能，就是詩畫琴碁樣樣見得人。今年鄭官兒陞任進京，怕招人耳目，為此差人將我送还父母。道兒上焦得个要死，怕我那鑱頭爹再想發財喛。真是做夢也想不到，誰知夫人二娘一見了我就喜欢得个了不得，又听見我会了吹彈歌舞这些个技藝，那裡还肯撇手連忙吩咐我爹教我住在內房伏侍夫人又吩咐將來攀親也得夫人做主看來我的大事竟有了收成結果了不要說夫人愛我就是二娘与我如同嫡親姊妹方才正与二娘下了一回碁二娘說愛姐花園內開得那么大的石榴花多採几朶插戴〻〻我說既然二娘要待我就去採來為此來到花園阿哟〻〻果然好大石榴花開得那么茂盛唧〻有趣吓

（又）石榴紅焰耀人睛緋〻姤殺胭脂甚要折高枝臂短攀

（白）待我攀住了樹梢扒上去要採那一枝兒下來（採介栢華上）

相公这裡来（小生上接叹）〔前腔〕穿花度柳过閒亭呀樓上天然有美人（占見生）呀何来年少到墙陰（各看呆栢）唅姑娘（占）爹来了么（栢）看不要我看了你快下来去报与夫人知道说京裡新中的進士林相公来了快请夫人出来（占採花）吠是了（又回頭栢）㖿〻〻（占下栢）哈〻〻真是个傻丫頭（小生）哈〻〻老人家此女是我舅母身畔的使女么（栢）不是〻〻这是我的女孩兒向在陝西鄭巡梅衙門裡当歌姬新近才回来的（小生）吓是你的令爱（栢）不敢〻〻粗丫頭（小生）既在鄭衙当歌姬一定是能歌舞的了吓

旁惜

（栢）見笑、、不要説吹彈歌舞拿手，就是琴碁詩畫也見得人的罢了。（小生）呀，有这些絶技。（栢）見笑的、、（小生）阿呀妙（栢）吓禀还有个三官堂呢。（小生）以聞言不覓心中省（栢白）这里来坐罢（生）以怎得須畀嬌喉一度音（栢白）噯，夫人大伏兒出来了。（旦作亘占上旦白）天涯瓜葛至（作旦占）欣喜慰心頭（占）夫人二娘出来了。（小生）吓，舅母（旦）甥兒（小生）旧母請上，待甥兒拜見（旦）罢了（小生）【前腔】家鄉迢遞隔途程（旦全以）間濶音容有幾春（小生白）庶舅母拜揖（作）阿呀，公子你是我的小主人，如此称呼

豈不枉殺賤妾了（小生）奈旧母你說那里話來（旦）從前主婢
今難論（旦）栢葉你到学堂中把公子領來与表兄相見（栢）
是了（旦）看坐（占）是了（小生）告坐了（旦）吓甥兒自你父母亡後
路隔久疏使我十分罣念難得你今科高擢方慰懸懷
（小生）旧母不要說起（旦）為何（小生）甥兒呵（又）為妖僧煽惑君王
听除姦不能罷職還故井（旦作白）呀原來如此甥兒公子彈劾
奸僧觸忤聖上罷職還鄉了（小生）正是（旦）好足見忠正之
門不以榮祿為念惟以直諫在心目下雖然罷職日後何

愁鴛鴦班不復請勿懷憂（小生）功名得失何足介意惟是我行我志耳（旦）既便才是（作）公子趂此何不早完佳偶可曾到过言家去么（小生立起）咊还要提那势利小生怎么（旦作吥）為何說了言家便咆哮大怒起來（占）有話好好說（小生說起來咊真令人髮指痛恨（占）怎么个恨也得告訴夫人（小生）旧母吥獨兒元有就親之意故尔舟才抵岸先到他家（旦作吖）元來已經去过了言老如何相待（小生）那势利小人吖借奴婿〻欵待殷勤及聞知斥罵就面反無情（旦作占）吖有這

等事（小生叹）还加奚落道悮他家淑女終身堪嗔（旦作占）这
也太性急了（小生叹）急得人怒起心頭氣難忍（末白）那时便怎
么（小生叹）便離婚索原聘（占白）吁那有自已退婚的道理（旦作
你竟要索还原聘（小生）哑（旦作）言老可曾还你（小生）可恨那没
廉耻的呵（叹）反意欣双手交还全福柱栽痛詈離門（占白）
這么说親事竟拉倒的了（小生）哑（旦）甥兒差矣（小生）何差吓（旦）
言老炎凉势利是他本性其女毫無失德何罪竟与離婚
（作）素聞兒女賢而貌美非事不与乃父全心（旦作）倘挑從一

而終之念不肯改適豈非反被你躭悞終身了(占)咗一点見世不錯(旦作叹介)前腔閨貞賢淑聞名決不從父移志定守天倫(小生白)縱使其女有志孳由乃父所作与我何干(旦)然吾如此閨中弱質當慣其情(作)況又是幼年定下姻親一旦離婚豈不抱恨生憂(旦)據我愚見甥兒且在此盤桓待我遣人閨中探信覌其志向倘然失志靡他則哀其苦節仍續前盟(占)夫人說得有理大凡事情總要三思而行(小生)縱然立志守盟甥兒哪寧可終身不娶決不要言家女兒的了(叹)波流經

断如何再續氤氲(占白)而今説話来〻得剪絶不要定的了(旦作)

甥兒(接叹)釵裙不比男兒多烈性倘堅持當垂憫(小生)嗳(接叹)

公子我既退婚安肯仍聯旧好徒爭胡云(占)越説越惱了夫人二

娘不用提了(栢上)公子这裡来(馨上 郎)在那裡〻〻(栢)公子来了

(馨)母親二娘(旦)見了林表兄(馨)是吓表兄(小生)表弟嘖〻〻旧

母好一位表弟也(黑麻序)好容品俊逸丰神是人中瑞凤

極尊高駿(栢上)这裡来〻〻(又桑世帶狗上)啟相公行李書箱一切

多裝了来了(小生)来見了夫人二娘(又桑)是夫人二娘在上桑長興

叩頭（旦作）罢了（小生）復生來見了夫人（狗搖尾拜式科）吠哈〻〻（占）
噫　林相公到喜欢頑兒狗的（旦）雖是笨狗到也有趣（小生）此
狗是山東道上向饑民口中奪來的連这桑長與呵（以）俱
向刀頭奪轉買全双命（占白）將來必要發財（栢）你那里知道
（占）大难不死必有後禄（桑）不用焊我的皮了（小生連以）因此携行
人為奴隸身犬归守户门（旦白）栢華你領了桑長與將林公子行
李安頓花园瑞香樓上分付備酒接風（栢）曉得这里來（桑衣帯
狗下聲）吓　母親孩兒身上呵（以）体如蒸一霎里咽喉火燥渴

吻如焚（旦作）吖有这等事（作模介）爲何呀遍体如蒸多应因感冒

風寒所致（小生细看）不是〻〻恭喜旧母表弟天花已現快〻

避風要緊（旦）既如此二娘快領他去全乳母好生服侍（作应旦）

栢華（栢立上介旦）快去請幼科先生到來看視（栢应聲）嫂我最

怕的是吃藥我还要陪林表兄哩（栢）請了大夫瞧〻不用吃藥

就是了（聲）不要〻〻（占）現在发燒花見多見了还不要請大夫

爹快〻請去罷（栢）是了（聲）不要你嘗（旦作）吓兒吓（叹）箇腔儿

你寧定莫慢勞神待医生審視勿葯何另（聲）好吓瞧〻

不吃藥這便才是（旦）甥兒你此時無官一身輕正該優遊
自樂況时值炎暑也不必回家且住在此花園过了夏待
等秋凉送你回去便了（小生）多謝旧母厚愛甥見既与言氏絶
婚正要在揚州擇配倘屬意有缘还仗旧母作主（旦）這个從
容計較待我探了言小姐的心志然後擇配未遲（小生）甥兒
既决絶不要何用再費唇舌（占）林相公不是我愛玉多管
閑事那言小姐是從幼受的聘今日之下就绝然斷婚不知
言小姐怎么个氣你不定是怎么个想你々納也不要太執性

了（小生）愛姐你不知道小生素性决劣今被這勢利小人看輕此姻斷尔难續（作）公子既已挑意如此愛姐也不必繁言了（小生）知我者二娘也（占）到日後我到得聽聽（背云）我就不信这么个挑性（栢上）啟夫人大夫即刻就到酒筵完備了（旦）甥兒到此無以為歎水酒一杯聊為洗塵（小生）多谢旧母（旦）只是無人奉陪（馨）有孩兒在此奉陪表兄（旦作）兒吓你身上現今發燒如何飲酒（馨）孩兒不飲酒只吃果品陪待表兄如何（旦）如此好生劝袜表兄多飲一杯（馨）这个在行的（占）人兒菜不劝酒是一等（馨）是你教

会我的吓（旦）吓煞儿（叹）那言家事体到底伊沐挑性（小生）旧母（拱叹）多承奈鳏生癖念成难回半点心（馨白）不要说了表兄替們吃酒去罢（扯小生下 小生回看 上馨白）快些走罢（急下旦）二娘再不道甥儿恁般挑性（作）便是（旦）不要管过鬓天想个法儿再讲（合叹）猩惜猩费尽了旁人唇吻未审言女邪贞（梧上白）恭喜夫人二娘大夫瞧过了说道公子真是状元天花只是天道来得热总得小心为上开的药方儿在这里（作）取来（旦）二娘快与馨即换了吉服分付乳娘大家须要小心看护（作）是晓得（下旦）

栢華你快到瘟司殿去許願保佑公子天花稀朗回謝平安之日上袍敬戴还要重修廟宇（栢应下旦）爱玉分付厨下不許煎炒剁鍋再分付僕婦們輪班陪夜大家多要小心（占）是了这个何消分付（全叹）（尾心）天花喜報須當慎忌諱還宜各用心（旦）快去（占）是了（下旦叹）惟愿回謝平安喜不勝（下）

旁惜

〔困城〕〔怪上〕〔剔銀灯〕鳴金鼓蕩颺旌旂統雄兵雷奔星馳奇宝到处非兒戲指日間削平閩地〔蟒白〕列位賢弟〔丑〕大哥〔蟒〕我等仗此法宝所向無敵連破閩中數十餘郡眼見省城可得矣〔丑〕趁倭兵大隊未至我等何不先打破了城池纔顯得俺們的手段利害〔蟒〕列位言之有理就此赴水渡海过去〔叹〕神威飛騰渡水忙疾進莫放遲滞〔上水卒水旂上護下四大將上白〕凛凛威風透九霄鋼鞭起处鬼神忙久鎮海邦人驚懼堪恨倭蠻敢肆擾俺閩中莊州揔兵韓勇是也俺汀州揔兵周常勝是也俺副將

楊元是也。俺本部營驍將萬賓是也。請了。（二）我等鎮守海邦，盜賊潛蹤，海宇清寧。（二）目今倭寇肆暴，結連暹羅，搶州奪郡。（二）所到之処，尽用邪室，官軍不战而退。（衆）唉，自古兵來將擋，水來土淹。我等久沐恩榮，安享富貴，今日鼠狐作祟，當与国家出一臂之力。（衆）萬將軍言之有理，少頃都爺陞帳，討差破賊便了。（衆）有理，請。盔甲輝煌兵將勇，掃除小醜救蒼生。（下）四小軍四將官引魏国貞上（引）征鞍鼙鼓已久停，（一）又何來妖氛肆孽。（白）經綸濟世壓群僚，丹心貫日佐皇朝。久任海邦兵戈靜，一旦烽烟肆唐堯。（下）官魏国貞山右人也幼登甲第久任鴛班蒙皇上知遇之恩今叨此任且喜羣小歛跡海宇寧静不料暹罗国王三年缺貢聖上命朝臣到彼問罪反被倭奴徐海这廝責辱囚禁朝廷大怒特命潮州総兵高奇前往征討不想全軍覆殁徐海这廝公然提兵犯界戕兵勢如破竹連奪数郡我又發兵救援如由前尔敗軍逃回報説戕兵皆以邪法取勝故尔不能招架只得連夜拜本奏知圣上添兵助討正是非我胆寒心畏战只因保土惜生灵

（四將上）衆將告進衆將打躬（魏）列位將軍少礼（衆）小將等聞報

倭奴猖厥，為此會集帥府，求兵掃蕩妖氛，請令施行。（魏）下官前番已遣牛參相（將）、夏遊擊救援泉州，都被賊兵那衍所害，枉送了一万人馬。為今之計，多置檑木砲石，堅守城關，待救兵到时，方能一战成功。（東）倘賊兵疾至城下，人民驚恐，相持晚矣。（魏）就是兵臨城下，粮草巨（具）足，侭可堅守，何言晚矣。（前腔）覷前师全軍盡矣，待王师全力平治。（東接唱）噯，聞言怒氣沖千里，好教人英雄喪氣。（报上白）啟爺：海潮波浪涛天，風息处見八條大漢蜂擁而来，城外居民荒乱逃竄，請令定奪。（魏）此必是妖人也，再去打听。（报应下）

（魏）列位將軍，妖人用邪法攻城，須速准備穢污之物，藏入火葯之中，伐人近前，即便施行，隨本帥巡城去者。（申）元帥，趁此大軍未至，當開城一戰，探其虛實。（魏）有人再言戰字者斬。（申呆魏）申將官隨本院上城守禦去者。（申应仝下）无知蝗蝻，逞臂，指日裡掃除尽矣。（仝下）

〔邪約〕搭痘司殿道士上〔水底魚〕自誇容佳性貪酒与花及今年長无藝養渾家ㄟㄟㄟㄟㄟ〔白〕小道揚州痘司殿趙一壇的便是出身原是姑蘇玄妙觀幼年仗了腦袋俊俏常行竊玉偷香自從偷上了黒牡丹情投意合他的男人是賣春藥的是个拐騙手出外求生一去不归婦人楊花水性被我一拐ㄑ到揚州營謀了此处的住持不覔已是八年矣靠此香火出息其实微細為此在門首做些ㄑ小本買賣貼助度日我有個姐夫吽袁天長綵線行中过日不料家姐去世為此我姐夫帶了外甥女吽袁妙玉來到揚州尋我同住不

想去年一病不起嗚呼尚享為此将外甥女托孤与我今年到是十六歲了甚有些姿色賤内欲賣与人作妾奈因妙玉抵死不從兩人結為仇敵故尔将他千磨百滅妙玉只得逆来順受我也不敢多口你道為何只因賤内跟我来的時節他的衣衫首飾樣樣俱全連年已来被我羡得干干淨淨況且他有一樣毛病天天晚上總要動憚動憚我如今力量不加應酬不動（仰氏暗上听介打道士我科道）阿哇阿哇為什么又要打起来了（仰）好的好的瘟道士（擰耳科）被窩裡的事多告訴別人么（道）我的娘一个人也没有我告訴誰（仰

現擺着这此〻看戲的太爺們在这裡你丟我的醜爆我的皮么
(道)阿哇〻〻(跪介)我的太〻饒了我罷我下么兒再不敢說了(仰)唔且
饒你(道)多謝太〻(仰)对你說(道)是(仰)你这幾天不做買賣什么意
思(道)骨頭疼(仰)这是不打的元故(道)一点氣力多没有(仰)叨你天〻
闲在家裡就有飯吃么(道)是〻〻我們再做酸梅湯賣罷(拏籃介)待
我買糖去回来挑水阿呀烏梅也没有了我去買了就来(仰)去了罷要早〻
兒回来吓(道)得令日間畏懼三分假夜裡拖鎗是真情(下仰)唉
自小生来愛打拎十人看見九人讚跟着道士不稱心夜〻脫空熬

不慣我仰氏十六歲上嫁了個男人吽吳來由何可来不孝本分无所不為後来看透了春方賣々春藥做々拐騙的彀當所以那話見上頭狠可以明白算是好的夫妻甚是恩愛无奈這宗買賣犯法違條官府利害指名訪拿不能存身只好出外覔衣求食去(竟)了一年音信杳无偏是我一夜多熬不过的那裡凄凉得慣(慣)為此跟了趙一壇逃到揚州做了夫妻我總跟着他的時候还可以應酬对美得过去到後来是阿呀々一年不如一年偏々去年到養了兒子吽阿狗我們以先廟裡还有个香火吽彔良心本事虽不高还可打々補釘解々

饒又被这死王八知道裹了出去 咳 这个日子叫我怎么熬得过去

吖（丑）（駐雲飛）性愛風花无奈跟隨死木瓜失焰同天大杯水如何他

（小孩叫仰白）妙玉〻〻（內應）怎么（仰）抱了你兄弟出来罢（妙玉抱孩上）吖来了（丑）

嗏 喪父与亡家寄人廡下（仰白）臭娼婦这么个热天你也忍得过听

他这么哭法（妙）我是在那里燒洗臉水並不是偷懶吓（丑）雜作操勞一

手难禁架听得哭〻急抱他（仰白）好伶利嘴你總有理信（道士提籃上）

因貪些〻須利不憚受艱辛（妙）娘舅買了烏梅来了（道）正是娶了進

去待我挑水做飯吃（妙在道）我的娘有庄喜事在此（仰）什么喜事（道）

是玄妙觀里寄来的请看我师父病在垂危教我急急赶去一来
為送終二則还有些好处去也不去（仰）吓，这是現擺着银子不去
拏可不傻了么（道）如此愚夫暫别多者一月少則二十天隨即就回的
（前腔）半月離家不久归来喜氣佳（接唱 妙白）娘旧去了千万不可担擱
（以）早把归舟駕莫使家中掛（道白）我知道但是早晚門户要小心我去了
（仰）滚你娘的毬罢（道）妙玉你来（妙）怎么（道）你旧毋毛病你是知道的
总得要你留点兒神（仰打道介）臭王八你说些什么屁话（道）我怕當
此道（逃下仰）打这王八羔子好小娼婦你们是通同一氣欺侮我一个

也不饒（打介）（妙）阿呀旧毋娘旧不过教我孝順旧毋不要叫旧毋生氣爲
什么打起我来呢（仰）啞且饒你厨房里没有水了快快挑水做飯吃了好
做買賣（妙）天天的水是娘旧挑的叫我難子襪小那里挑得動吓（仰）
奶旧在家何消說是他挑了他去了你到派誰去挑（妙）路又远如何挑
得動（仰）你去不去罷（妙）哭（仰）不去不去我就華你个打（妙）阿呀不用打
去就是了（連叹仰介白）也不怕你不去快些挐担子去罷（妙叹）唻田念泪如
麻声吞氣啞（下仰接唱）懶惰生成势必天天打不是吾家手段滑（下）
桑長吳上白）窮心未退色心起吃了飽飯想有趣我桑長吳跟了林相

公一日三飡夜圖一覺一点事情也没㝵他今日一个人出去瞎闖去了我也想出去溜搭〻〻那塊去呢吓有了想起三年前在痘司殿做香火那赵一拉的老婆叫黑牡丹乖〻好浪貨吓我趁这當兒去瞧〻他樂他一樂再说㖿 到了（小孩哭）（桑）㖿 听有小孩子哭到養了小道士出来了（或）養了小忘八出来了（仰上）阿哟 好热天小冤家哭不完的了（桑）啥可認得我了（仰）㖿 你是丧良心（又桑）（呸）不錯你还認得我呢（仰）好吓發了財了人也不值得叫一声見了面啥〻什么（又桑）才見面你就挑了（阿呀）我的娘（仰）呸 我的兒子〻（桑）你不用挑千差万差来人不差幾時没

有見了我特為你來請安問好（打跧仰笑介）不用說了你納得意罷了財了（桑）哎跟了个京官發什么財不討飯（住口）不餓着就是好的了他呢（仰）蘇州去了（桑）妙姑娘呢（仰）口兒外頭挑水去了（桑摸奶）这小孩子是我留的種罷（仰）啐兎羔子滾出去（桑）好的我哎掂記着你特來瞧瞧你哎不是罵就是打又教我滾你總笑喪良心我走了（仰扯）站着不是別的你既來瞧瞧我說幾句正經來了就是胡說八道没嘴舌頭倘被妙玉撞見了怎么好（桑）叨你說妙玉口兒外頭去了还怕什么（仰）出去了幾年嘴頭子更利害了（桑）嘿那话兒还利害

呢趂这空當兒閙一出罷（仰）啐 告訴你个准底兒你要閙一出我可是正用得着但是青天白日使不得趂道士不在家（桑）不在家怎干着（仰）呵 你到定更以後（二更天拍巴掌為号）我在此等候你来罷（桑）及妙的了（二更天）

（仰以）（前腔）夜静无譁放胆通宵樂優雅（又桑接以）訂約无虚話喜自天来大（仰白）約定无易不用担擱早来早会（桑）我要个定錢（仰）什么定錢錢（又桑）先結給我個乖乖（親嘴仰啐）（以）唻涎臉戕油花招人毒罵（又桑白）我还找補摸摸奶呢（仰）滚你媽的蛋罷（打下）

（桑）哈哈 快活快活 回去吃飽了晚飯来閙一出（下）（仰）好了好了今兒晚上可又

要餅〻餜〻了，待我先去睡醒了再說（以）靜候樵樓二鼓頻〻

打專聆襄王來会咱（下）

情關（妙玉挑水桶拿吊桶上）唉，我好命苦吓（叹）〔十二紅〕〔山坡羊〕淚涓涓思前想

後影蕭蕭，孤身年幼苦哀哀，双親盡亡慘離離，依傍着狠女舅（白）

唉，想我妙玉的命苦不苦，十歲上離了娘，跟了我爹來到揚州，奔我

舅母，不料前年我爹一病不起（哭介），咊，我那狠心的舅母在我身上

就想發財，我拏定主意，下賤的事不幹，他馬上就換了樣兒了，不是

打就是罵，憑他怎么着，我總如此，故此他安心磨折我（叹）〔五更轉〕破

碎衣百結，裙多卑陋，就是荊釵裙布还不能彀，說甚弱質柔

軀珠圍錦繡（白）來此已是井亭，唉，我雖是小家子出身，這些事如何

幹得來、不幹罷、回去又要打　唉、罷、（吊水介叹）〔園林好〕被欺辱是前生罪

尤受凌逼是寃家聚頭（作斷吊桶繩往後跌介）（小生曲內白上）二十四橋尋舊跡玉人何

處教吹簫（妙玉跌小生身上小生作抱住）阿呀　看仔細（叹）〔江兒水〕捧住纖腰

弱柳（妙玉即起閃腰式小生連唱）再將月貌詳覷（妙白）阿呀（羞狀小生）阿呀妙（連

唱）粉面嬌羞紅透（妙白）勞駕你納（小生）好說小娘子你金蓮窄窄玉筍

纖纖怎做得如此負重彀當（妙）唉我本來、那裡幹得動這宗重活

受人跨下也呌沒法雖蒙相公攙扶誠為出醜（小生）好說（妙叹）〔玉交枝〕

幸逢君援手今日裡當街露醜（小生白）唉唉　雖是男女授受不親也是有

縁奇遇耶(姒笑)阿呀 弔桶落了井裡去了相公索性勞你納的駕替我
瞧瞧一瞧我去拏根竹杆子來(小生)府上在那裡(姒)不遠見拐灣痘司殿裡就
是(生)吖吖痘司庙(姒)勞駕你納我去就來(下小生)如此就來吓阿呀 姒吓看他
面似芙蓉出水腰如弱柳迎風真可愛人也且喜四顧無人等他來時
待我細細盤問他一番(姒持竹竿上)好吓的我那狠心舅母打我出來挑水他到
在那裡睡覺呢(小生)小娘子來了(姒)勞駕了(小生)好說 这到要請问為何住在
庙中(姒)吖我旧旧做道士看庙的叫赵一壇(小生)府上还有何人(姒哭)咳 不要提
起还有我那(哭)狠心的旧母(哭)(小生)阿呀 請勿悲傷还要請教小娘子尊姓

芳名(妙)叮我姓袁咁(小生)咁什么(妙)咁妙玉(小生)妙玉阿呀(妙)吓真乃妙
遇也(妙)嗳只管说閑话待我撈了吊桶起来再说(撈介小生)待小生来帮你(妙)
不用不用有了有了(小生)小娘子看你弱躯嫩腰那裡扯得動待小生代劳了
罢(妙)那个使不得(小生)不妨(作跌介)阿呦(妙)瞧着罢閃了腰没有(小生)不妨不妨
我到偏要扯他起来了(妙)笑了(小生)不妨(妙拿竹竿小生扯水仝下)留神目聘双相
媾步歪邪纔轉街頭(妙白)到了到了劳駕劳駕(小生)叮阿呦元来扯水这等
費力的(妙)请到裡边坐罢(小生)使得这是做什么的(妙)这是做酸梅湯做
凉粉賣的(小生)小娘子这等人材只该貯之金屋豈是今此营生唉可惜吓可惜吓

（妙）相公说将起来，咽不好待我睡〻醒了没有（看介）正好睡呢相公請坐〻待我索性告訴你納（小生）請教（妙以〔五供養〕）我為双亲亡久寡女堪欺箠楚无体鶉衣和糲食待死又安求幾遍呼天蒼穹不救（小生白）吖天下竟有这等毒心旧母咊真令人髪指小娘子不必愁煩我当与你提出火坑便了（〔好姐〻〕）我生平嫉悪似仇肯容他欺凌閨秀（妙白）這但不知相公何等樣人能救賤妾微軀（小生）吖我乃原任刑部員外郎姓林名俊今現住竹西亭丁王巡撫花園此間即是我母舅家中也（妙）吖〻阿呀〻這公说並不是老着臉不害羞说出来實在这个日子受不起了情愿终身服

侍靠定了（作跪小生）介介　小娘子請起我怜你是（捧占面妙）啐（小生）吓吻（叹）（生山顛）

嬌花墮溷施大力攜當園圃藏之金屋底錦屏幃兒終身不負樂優遊

（妙曲内白）這么个大未頭豈可當面錯过我有道理這個唉但一時苦処也

說不尽我旧旧藕州去了這么着罷你到晚上未在門口見等我到夜静

進来全你商量停当早离虎穴（小生）吓吓吓領命（妙以）（鮑老催）做君子好逑

不效紅綃半夜踰画楼（小生白）有理（接以）不做章台片晌馳紫騮（内孩哭仰内

應）讓我睡一回見罷了又要歸丧了（妙）不好醒了快些去罷（小生）我去了（妙）回来

（小生）可二更天（妙）

不用早了总得二更多天我等着你納千万不要忘了（小生）小生豈敢有忘

(合以)〔川撥棹〕听更漏把衷腸兩下剖(妙白)去罷(小生唖应下仰氏抱子上)哈

嘶(接以)南柯夢一覺悠ㄑㄑㄑㄑㄑㄑㄑㄑ(妙白)你納起来了(仰)妙玉你同谁在

这里說話(妙)吓有一个買酸梅湯的人咯們又没有做起来回又回不去

再没有这么劳叨的了(以)不賣与他定不休(萬福曲内上白)為覔見嬰孩

穿陌巷在數見童遇难逃(見孩童)噯(接唱)〔桃紅菊〕見嬰孩体胖

容優ㄑㄑㄑㄑㄑㄑㄑ正合吾家藥餌投(看呆介仰)咦這人奇怪(妙仝云)

呔你是要想偷什么瞧道見来的么(万)我是照顧你們喝碗凉〻兒

的(妙)吓你要買凉粉兒吃(万)不錯(妙)早賣完你瞧桶多是空的了(万)

偏我来就賣完了么（妙）喝 还没有做起来（万）阿呀 好俊孩子又胖又肥

又白又嫩（佬々合）容如花朵秀体似玉腴油似此佳見真罕有白屋

之中不可求（孩哭仰白）啐 你这个人回了你没有啶就该走了 嗒 们又不

認得你只管瞧定了我們孩子不要是騙子手（吓）妙 奎打这囚囊的（妙）

（應）捉々々（万逃下妙）打这兎羔子（仰）走了就罢了也是时候了收拾飯吃

了再説罢（妙）是了（仰）（尾）狂狙何事言胡謅（白）你收拾々々外边閧好了门

我々先進去了（下）妙 你纳先進去罢 咳 方才那林相公的话説得好

听但是他心里不知怎么着為此我也不顾老面皮了约定他今晚

到來、商議脫身之計、(叹)把籍貫家聲細剖(白)他如果真能救

我是(叹)那時節托付終身免少憂(下)

廟鬩（起更萬福帶斧上白）我本無心嗔惡念誰知逼我毒心嗔我萬福方才見瘟司殿内婦人手内抱的小孩子心中却有些愛他所以閑吾幾句話不料被那婦人道破我是拐子又叫了頭打我他既說我是騙子手若不拐他孩子到手那見我們的手段高强為此帶了傢伙黑夜前来可喜今晚烏雲密佈天昏地暗正好出我白日之氣这裡是了（桑上）不差什么有二更天了罷抖擻精神好去大戲黑牡丹（小生上）我日間蒙妙玉相訂為此特来赴約（三人全云）阿呀今夜為何黑得如此昏暗（三人碰頭）阿一哇（御氏先上）怎么喪良心这时候还不来（嚇跌桑白）呔（万）呔（桑跌碰跌小生跌

乱迯下仰氏扒起阿呀不好（假閉门下萬）驢子肏的走道見這么走么哼哼

瞎了眼的什么東西吓哈哈亏我一路薰炸多嘛跑了待我請了师父出

来（出斧撬介）嗐庙门開在这裡房上是乌黑到後边去探他一探（仰

内云）这么热天你还不肯睡（万嗐）裡面灯烛煇煌难以下手那裡躲

一躲才好（摸介）四下並無藏身之處叩到是神櫃底下罢呸不好不好

倘然出来照着门户瞧見了怎么好叩有了我白日裡看見神道

不是泥身可以卸得下来的待我装了神道万无一失唸瘟司老爺

有罪劳你纳的駕請下来我借貸你的位兒坐一面得了孩子我就走

吅不好々々痘司老爺没有什么遮盖脸儿的到是奶々鳳冠上还有珠子好遮々脸儿（剃衣自穿）痘司奶々有罪了我ケ要動手了（叹）

〔縷々金〕神灵听熟商量借重伊家位暂叨光还借伊家服权时遮障（白）我的奶々请你纳阁落里坐一坐罢（以）明朝潔净来烧香今宵恕無状々々々々（坐介打二更桑摸上阿吻）刚才被这冈囊的一碰々得我昏天黑地估商量打不过他只得溜了待我再去瞧々嗳門多開在这塊待我進去（妙玉上）好了旧母陪着弟々睡着了但不知林相公来了没有（碰桑各跌妙玉白）誰吓（桑低云）是我来了（妙）吓林相公来

了么（桑）这是妙姑娘他說甚的林相公难道也私約我主人来的不要嘗先頑兒个原物貨再說（妙）唅　林相公為什么不言語（桑）阿喲跌了一交疼死我也（妙）可曾跌壞那里（桑）没有（妙）和你殿上說話去（内孩哭仰打云）你不睡是什么意思（妙）不好又醒了怎么好吖你且出去一回兒等他睡了我再出来叫你（桑）既来之則安之我是不去的了（妙）不去倘他出来怎么好（桑）他就出来我也不去的了（妙）阿呀〻〻　這怎么好吖　這羕罷你且扮了神道等一回他就出来一時也想不到好不好（桑）這到使得（妙）痘司老爺我替你納〻拜〻

今日個有褻你納請下來委曲你納閣落裡坐一坐（桑）咳我不要
扮痘司老爺（妙）你要扮誰（桑）我要扮奶〻（万福）不好了（桑）誰（妙）沒
有誰（桑）啞我听見什么不好（妙）我告訴你放着老爺不做到要扮奶〻
么（桑）是〻〻就扮老爺〻〻〻（妙）神道吓（前腔）非是我不肖意猖狂
敢把神靈戲太荒唐喜得知音遇把衷腸細講（仰內白）妙玉那裡去了
（妙）不好了出來了上去（桑）不怕的他出來有我在這裡（妙）啐（叹）從來未慣
恁才郎小鹿心頭撞〻〻〻〻（推上跳下仰上哈軒）咳〻（妙）溜下（仰扯）那里來（妙）
我瞧〻廟門（仰）門有我你去睡你的就是了（妙）呆（仰）还不去睡去（妙）

睡，就是了。（妙下仰）好了，他去睡了，待我瞧瞧。（桑）良心来了没有。（桑）潮噠
噴（仰驚）吓，是誰。（桑）是我。（仰）阿呦，到吃了我一嚇。你来了么。（桑）我来了
半天了。（仰）这么進去睡罢。吓，你穿的什么。（桑）紗帽圓領。（仰）那裡来的。
（桑）我等了你半天，又不出来，恐怕有人瞧見，故此借了痘司老爺衣帽裝着
藏一回見。（妙内）不好，心裡跳，还得出去瞧瞧。（仰）不好了，丫豆又出来了，你
且上去罢。（桑）我悶得慌，不上去。（仰）你坑死我了，上去罢。（桑）碰萬福各唖
式（妙）旧母，你同谁说话。（仰）我一个人在这裡叨叨，怨我的命。（妙）夜深
了，旧母該去歇息歇息，睡了。（仰）你去睡你的，我还要乘凉一回見，凉哩。

（妙）咦、旧毋你今夜為什么不肯睡、什么緣故（仰）我吓、告訴你罢、我今日

有点心事不睡呢（妙）這么着我也不睡（仰）你為什么不睡（妙）我告訴

你納罢、我也有点子心事（仰）呸、我們大人才有心事、你是女孩児家

有什么心事（妙）各人心事、各人知道吓、（叹）（古輪台）話推詳、（仰与桑

附耳萬福听介妙連叹）故尔孛樣要乘涼、（仰）噫、（接叹）他莫非窺破風

流賬、故安心違抗（白）嗳、我問你、你今日到底有什么念頭你到说出来

罢（跳介）（妙）呀（叹）聞語堪驚、勝似那当頭一棒、日裡踪跡、毫無遺漏

如何露出这行藏（打三更攝耳介）（仰）三更天了你去睡罢（妙）我今日不睡

定了（仰）你再强我个又要打了（妙）你就是打死我〻是不睡定的了（仰）
完了〻〻今日到被这丫豆拿住了（以）機關不密被裙釵窃耳西窗
君不知情了意從來未敢如此無狀（内見哭妙白）听弟〻又在那里哭
了快〻進去罢（仰）你只管催我去睡吓敢是你心上有什么不完的事
想要了局么（妙）嘰真被他知道了么（以）此際好慌張难安放心頭
小鹿撞胸膛（王府汞家人上）走吓有意敬神〻不佑毁神〻敢奈何
人这里是了打進去（仰妙）阿呀半夜三更如何打到这里来（汞）我
们是竹西亭王府上差来的為公子當差出花才見花苗就来许

惡不但上袍獻戲还要重修庙宇今日剛〻七朝我家公子到没了（仰妙）咳〻、这是各人的寿元这也难怪神道（众）我家夫人说神道如此无灵虚受香烟无益差我们打落瘟痘司拆毁痘司殿众弟兄一齐動手（仰妙）站着〻〻说话要说得在理你家公子死活命里造定与神道何干神道是泥塑木雕的真當是神仙么我们靠这尊神道活命的你们毁了我们吃什么（众）呸我们是奉公差遣不曾这些〻快些〻動手（仰妙）是〻〻众位爷们的意思是打定了（众夜仰妙）有句话交代了我们这尊老爺

是怕奶〻的有事情揔是奶〻決斷要打〻奶〻不与老爺相
幹（生）嗳誰教他懼內的听了奶〻的話自然要壞事了不要管
一齊多打（仰妖渾介生打㕮）（起罗古）【撲燈蛾】無知木偶像〻〻〻〻（柚豆）安得
生死掌（打介萬福低约眉桑跳出生跌桑）阿一哇（生）阿呀神道活了神
道作怪我们再打〻〻（桑作跳）阿一哇〻〻好打〻〻打壞了〻〻〻（生迊三首）
嗄神道真正活了吓這是桑大哥声音拏灯來〻〻吓果然是〻〻
呔（妖看介）吓這又奇了怎么是他（仰）哗你还耗着做什么快〻兜滚
罢（生照）呔住了你為何在此（桑）喝〻瘟司老爺恭出了我來署印

的（采）放屁從实说来方可饒你（桑）叫我说实话这啰瘂司老爺打
不起委我来替打的（采）一発胡说了拿到当官理論去（妙）是了
是了我明白了他是个贼想偷点什么所以拴了神道候我们
大伙兒瞧了他好動手是不是（采）一些也不差（桑）贼是贼是偷
活宝的（妙）温賊想起来噫恨死我了打不動你肉多咬你一塊下
来（仰）啐你怎么这么恨他（妙）我越想越恨还得找補幾下（采）误
打〻〻（桑）你们说好话来了打是该但是你们摸不着底（柏華）如拏
簑檀急上）好了〻〻列位不用打了〻〻（采問）為何（柏）小公子原活

轉来了（末）死去已久如何活得轉（柏）説也是新文你們大家方才將公子抬到花所你們就来了（末丑）便是（柏）公子在花所上被涼風一吹竟説起話来了（末）這是什么意思（柏）急忙請大夫来瞧大夫説花是狀元花時當夏令在重圍疊帳悶壞了如今涼風一透退暑退人安立時蘇足如今是太平無事了所以夫人立刻打發我来説道得罪神道明日先来了恩改日還要重修廟宇哩（末）這也可喜（仰妙）如何可見神道有灵（桑）神道真灵不是這么死去活来我如何挨這一頓好打好灵菩薩尽收拾我一个人（柏）吓你不

是喪良心這個打扮什么意思（眾）連我們也不懂端端正正坐在上面打急了跳下来的（柏）這也筭得新文（桑）怎么不是新聞我不串這出戲漏这个臉那里挨得着这頓重打（眾）啞还不脫下来来来我们先安神位大家磕頭（桑）好刁神道知道有这頓打卸在我身上来了这个奶奶也利害我到底是署着印的老爷我挨打你也該求个情瞧着我吃苦駄打这时候也得我来出氣（打介眾）呸放屁（妖）你还要满嘴胡説众位有條麻繩在这里拴了他送到衙門里去罢（眾）不錯不錯我們拴他去（桑）阿呀众位兄弟体面要紧兔死狐悲

物傷其類（兵）不要管，拿去見林相公便了（生）有理（全叹）堪嘆這鴛鴦何故平空作賤也（白）走〻〻（扯桑下 妙）阿呀〻〻 這才是瞎着急，真是笑死人（仰）唉 白 鬧了一宿 真正急死人（全叹）半宵悒怏到如今各安心腸（仰）唉 我全不管 真要去睡了（下 妙）這如今他到先去睡了 呸 這件事到鬧得我糊塗了（摟叹）猜不出才郎何往細尋思猶如一覺夢黃粱（白）咳 這如今四更了 也不來的了 我亇也要去睡了（下萬福唉）哈〻〻（縮住跳下）吓 哈〻〻〻 真是做了一輩子的賊 今日才是急死笑死熱死 哈〻 踮着方才那鬧糟糕的 他們多認得呌他是喪良

心我也不去瞧他如果是他〻是我的小朋友这么不经打像我没有吃打么也好〻的挨了几下疼在心里这囚囊的殺猪是的渾嚷起来哈〻〻

闹話少説听他们瞧着了没有噢 悄没声見的都瞧着了此时不動手更待何時（脱衣拔斧介）（前腔）非吾意不良！！！！！生性多强項都若像今宵禍福眼前难判也（重四更下妙上打四更）阿哟〻〻蚊子又多心裡又有事那里瞧得着真是奇怪明〻白〻的林相公拎的神道怎么胡兒八道換了喪良心丢得我心里糊里糊塗方才丢了个希乎腦子爛乱騰〻閧了大門没有為此点灯出去照他一照 以难猜难量

問才郎到底何方好教人如癡思想（萬福抱孩子上喊）拿賊（碰妙王跌介）
（妙）阿呀（萬開門迯下妙扒起）阿呀不好了（唱）念奴家奸邪不慣乱主張（仰
睡不醒式上白）呸娼婦賊在那里這么炸廟（妙）什么炸廟我親眼看見
一個人在你納房里出来还抱着个孩子嘴裡自己嚷拏賊碰我一個
大觔斗開了大门去了（仰）阿呀大門真開在这裡不好去看看孩子
罢（下妙）阿哇波罗盖多跌破了这是那里说起（仰急上）哎呀不好了
【尾】小兒郎何方向（椿以哭介）（妙）可是弟弟真不見了（仰）阿呀我
那兒吓（妙）真个了不得（仝唱）嬰兒竊去事非常（仰白）哞 多是你

这猖婦、作死作活、教你瞧、诳我这么作耗、如今好不好、把个弟弟鬧丢了、你明日我还我、万事全休、有一个不字、阿呀 罢、我和你是幹上了、（唱）生死和伊、鬧一場、（杪白）你能瞧罢、这宗事情、委不委、罢、与我什么相干、咲、可冤（枉）死我了、（或大鬧进命下）

十全福三本目録

頒詔（四大將四小軍八鎗手四手蘇杜龍三軍司命上）（全唱）〔六幺令〕（大鎖吶）催軍疾赶倭奴無知違抗聖言王師一旦喪波瀾（杜白）咱家杜龍可恨暹羅國王听信倭寇之言拘禁欽差抵抗王師前日閩中魏国貞告急本章到京道可憐高奇父子全軍盡喪倭奴搶州奪郡圍困閩城勢如破竹聖上大怒發御林軍一萬战將千員命應天巡撫王恕星夜提兵征勦差咱賫詔提兵到此秉將催軍速〻趲行（衆应全叹）忙策馬緊加鞭旌旆列〻如風電〻〻〻〻〻〻（下四小軍中軍王恕上全唱）〔前腔〕河工竣完奉命催行怎敢遲緩飡風露宿敢憚煩（王白）下官王恕前日東

平道上偶遇外甥林俊言及繼曉之惡令人髮指痛心令番面聖先將妖僧斬首方痛快人心（报上）報啟爺今因倭寇作乱聖上命杜公〻帶領羽林軍一萬賚詔前來命老爺星夜提兵入閩破賊（生）呀有這等事再去打听（报下生）聖旨遠來不可前進就此下馬候旨便了（杜串上叹合頭杜白）聖旨道來倭蠻唆哄暹羅国拒使抗軍高奇父子全軍覆沒倭兵犯界非卿勿克今拜王恕為平寇大元戎領羽林軍一万戰將千員星夜進兵征討謝恩（生）萬歲〻〻（杜）請过聖旨（生）有劳公〻遠來只〻恐倭蠻猖獗卑末菲

才恐悮国家大事（杜）唉老先说那里話来圣上素知老先可（剔銀灯）羡君家常怀忠孝保乾坤国事焦劳安民護国人皆曉（生白）可恨倭蛮呵（接又）似鮫龍出海逞驕（杜白）軍情緊急不敢久叙覆旨去也（生）不敢相留（杜以合頭）恩詔敢辞勤劳除妖氛疾忙拜表（杜下末白）末将官叩頭（生）軍情緊急就此發砲拔營（末應吶喊仝以合頭下）

〔預醋逐奴〕（打二更狗上慌狀对占吽愛玉上白）吓，復生，你向我這么个跳法，想是你主人还没有回来么。（狗吽点頭，愛）既是那么着，你到門口兒等着去，候他回来，進来摇〻尾巴，我就知道了。（狗吽摇尾下，愛）哈〻，阿呀〻，你瞧这狗，真通灵性，就養活个人也不过如此。〔風入松慢〕通靈異畜省人言，快摇尾乞怜。書生何处閑遊宴，打三更，樵楼上三鼓遥傳。（白）我愛玉為了小公子出花，大伙兒小心服侍，待了七晝夜，哦，方才黄昏時候，公子两脚一挺，更死了。夫人大怒，説神道無灵，這么許愿，公子原死了。吽我爹領了一羣的家人，去打瘟司老爺，还要拆毁庙宇。你瞧大伙兒手忙脚乱，把公子尸首抬到花研。好奇怪事。

公子被凉風一吹到醒了阿呀呀你瞧这一家子的快活罢到像是天上掉下來的宝貝也没有那么稀罕咳这多是老爺為官清正的報應喝說也可笑内裡鬧得希胡脑子爛一位林相公到仝了家人出去逛去了我想半夜三更出去逛什么还有个什么正经事情么呸呸我冷眼瞧他說到奸臣誤國正言厲色真像個忠臣素常待人說話和容悦色斯文幽雅真是個才子再不道他到喜欢到那些邪道見的地方去这就不像樣坏了品了罢我这个寡醋到吃定了咳並不是我狗拿耗子多管閒事这时候到没有什么事我到等一回見罢哉（唱）且向花亭消暑权偷半刻餘閑（白）哈軒阿哟哟陪了这七

天七夜美得人也不像人了好風ㄑㄑ 呸！不好人是乏透的了凉風一吹就要打磕
睡怎么好 哦 你瞧到有琵琶在这里我自進王府從沒有空把絲絃抛久了
趁這空当兒彈一曲琵琶醒ㄑ磕睡有何不可（唱）〔園林沉醉〕憶昔在侯
門倚筵滾珍珠度新声綉簾自謝却舞裙歌扇慵理琵琶倦调絃此
刻商移宫换恐指節下荒疎垂念且把鬱輪调翻幸在空堂自彈君
有江州司馬恐惹淚潸（帘内小生急上狗隨介 小生白）阿喲ㄑㄑ為赴巫山之約誰知
到吃一大驚恐遭機彀為此急ㄑ而回（听介）呀（接唱）〔沉醉東風〕閒庭院
誰撥四絃調嗚咽 咽 似水流深淺（彈琵琶 小生）妙（叹）如鶯语在花間（爱彈）咳

（接唱）妙曲無人賞鑑問知音甚時得面（曲內小生白）我道是誰原來是玉姐在
此美琵琶果然彈得好（狗進見愛歇手白）復生你主人來了么（狗叫搖尾小生上）
唬畜生誰要你來打斷妙曲还不走〻〻〻（打三更打狗下）（愛）阿唷〻〻風流客回來
了（小生）吓他的話兒來得蹊蹺難道妙玉之事被他知道了不成（愛）唅林相
公不要粧糊塗並不是我多管閑事你納既是做官的人況且又彈过皇
上有身價的人為什么喜欢到那些不正经的地方去這品行只怕坏了罢
（小生）吓元来如此（愛叹）你須自勉那青楼曾斷送多少名賢（小生白）吓
愛姐你道我着脚在楚館秦楼么（愛）可不（小生）吓哈〻 差了〻〻那些烟花

脂粉怎入得小生之眼爱玉姐看輕了人也(爱)咗既不在这些〻地〻方半夜三更

出去幹什么正经(小生)吖我么(爱)到要請教(小生)这吖是訪个朋友(爱)哈〻〻

这才像个话了拜访朋友必得半夜三更这才志诚在礼你不用说瞎

诺話了(小生)阿呀爱玉姐我与你交淺情踈為何曾得小生这般利害吓

(爱)哈〻我為什么管起你来吓扯淡我告許你罢方才公子一囬見死过去又活过

来合府上〻下〻抓忙得个了不得又去请了大夫来夫人请你纳陪〻大夫 嗳谁

知你纳主僕二人双〻多不見了夫人大怒教我查〻那里去了你纳到好〻这些

鬼話来搪塞我么(生)阿呀〻〻咗〻〻(爱)以「海棠東風」看你行那边捕伊实

跡方回轉這其間問你，敢架麼言(小生白)阿呀、好利害吓。愛姐你要我將实言告訴你么，這却容易，只求愛姐包含，切不可告訴旧母的嗄(愛)吓有边見，但是我也要看事行事，瞞得的事自然替你隱藏就是了(小生)如此我說了嗄(愛)說嗄(小生)小生今日街坊閑步，在瓊花观後巷見一女子在井亭汲水(愛)吓怎么樣(小生)因索斷傾跌，危扶問根由，是黃冠閨眷(愛白)好巧吓，人来人去怎么光栽在你納身上呢(小生)便是，奇不奇，巧不巧，正跌在小生身上(愛)黃冠閨眷，一定是道士的閨女了(小生)不是、、乃道士的甥女，名喚妙玉(愛)吓妙玉這名兒好吓(小生)他為被尊麼賤受辱不堪（愛白）吓他被長輩凌賤怎么樣（小生）爲此相討黄昏時候到他那裡去要把苦衷面訴（愛）吓約你晚上去説話（小生）既〻正是（愛）吔

你方才去説些什么呢（小生）我方才一到廟門首不想黑暗之处被人一碰跌了一交（內喲）那人就高声吽駡我口此一嚇（叹）料想不能与玉人親顔（愛白）吓想是先有漢子也等着了（小生）小生诚恐落人機彀故此急〻而歸（占伏海棠）想是三生缘淺故到臨期間阻巫山（愛白）笑了〻〻不用往下説了世間有这樣不害燥的女孩見（唉）就笑裁了个觔斗扶了起来怎么就要約漢子半夜三更赴会大凢理禮義廉耻男女是一個

樣兒你納在京因為國師鐃頭所以上本恭他如此忠臣怎么見了这宗鐃頭女孩兒連身命都忘了么（小生）好嗄（愛唱）輕男何重女不問賤和賢伊行見舛豈好色貪花易念（小生白）愛姐請息怒听小生一言分辯（愛）还有什么分辯（小生）自古非真道學不風流如古来多少忠臣義士尽擅風流的呢（愛）呸 到要請教你到背幾个我听〻（小生）哪〻司馬相如威振四夷寒〻賤时曾以琴〻挑卓女（愛）有没有了（小生）有吓哪〻李藥師佐命開唐未遇时曾仝紅拂私奔的嗏（叹）昭了千古話史冊尽垂傳自古道孝風流相兼方善（愛）哈〻 笑話

卓文君是漢朝才女，張紅拂是唐室賢姬，胡説八道，拏這些宗有名的女子比这饞頭的小娼婦起来么？（扛水搖棹）自古才子佳人遇風流，芳名傳；这淫邪下賤差天遠。（小生叫）愛姐，（接唱）須知我見猶憐，前人諺；鍾情我輩，須寬譴。（愛）我和你瞎抬什么槓，我進去了。（小生）愛玉姐不要走，小生还有一言奉告。（愛）还有什么话？（作旦三娘上听介，小生）小生自於花下得見芳容，实切肺腑，渴念於心。今夜復聆妙曲，越加憐惜。欵卜三生之好，敬求一諾勿辞。未識愛姐尊意如何啦？（愛）呸，婚姻大事，我上有夫人，下有父親做主，怎么半夜三更教我

私自与你面訂終身吖你認我也是妙玉一類人物么（唱）〔川撥棹〕怎敢聞
污耳言訴夫人不待言（小生白）那裡去（愛）告訴夫人去（小生）阿呀 愛玉姐你
是好性情耶此話就筭是小生唐突是否不妨回得我的嗟何故就要
告訴夫人吖（愛）我真怪你欺人太過我愛玉出身雖下賤志量唔々与乎
不全（小生）是々（愛唱）〔姐々去么〕念兒家持身頗堅最恨是桑間悪
典（小生白）是々愛姐請息怒（接唱）是鯫生唐突望為恕罪愆（愛）
（白）那不能告訴定了（作）吓 愛姐不可如此（二人）元來是二娘（作）我在
此听了多时了公子雖然唐突實出一片志誠若告訴夫人呵〔六么令〕

忒情寡兩难堪望為隱忍瞧奴面吓吓吓吓吓吓吓（愛白）既是二娘說情罷了看二娘面上雖不告訴夫人但以後若再花言巧語嘿嘿莫怪我不懂得好歹吓（小生）是是是（愛唱）【交枝擬棹】不留情面告夫人斷难少延（作白）這个自然夜深了進去罷（愛連唱）恨男兒心性楊花輕並非奴量窄胸褊（下小生白）阿喲好个烈火的性兒吓（作）此女性情賢淑志量恢宏非公子不足以當其配公子未到之前我早已有心撮合不料公子亦怀此意早知如此何不商之于我（小生）実不相瞞小生一到即有此心未形口角適听琵琶心醉故尔直談不道反遭奚落然有此一番拒絕使

我愈加起敬全仗二娘為我週全(作)容易此事必須夫人作主得便進言包你成事便了(小生)如此就將十全福交与二娘若得旧毋允從即此物為聘便了(作)公子鍾情如此奴家敢不効勞(打四更以)郎才女貌合配聯從中撮合成姻眷(下小生)如此恭听好音、、(柏引衆家人扯桑上)走吓(全以)好無徒行止去擁回家究根源(柏白)你们多去回覆夫人去(衆衣下小生驚)吓桑長兴你為何如此光景(柏)林相公說起來到是一庄奇事(小生)呢什么奇事(柏)我們大伙兒奉了夫人之命到瘟司殿去誰知道瘟司老爺到就是尊管家桑長良(小生)吓、、(呆介柏)被衆人打急了扑通滚了下来庙主要拿去送官是我们大伙見討情拉他回来相公问々他什么道理阿哟跑了一宿腿多酸了歇一歇再说（小生）哼怪道家中尋你不見到在外边惹禍这还了得待我打这狗才（尋棒打）咻狗才々々（桑）阿哇々々站着怎么说了瘟司殿恨到那么个羞見什么元故（小生）狗才我且问你那瘟司殿内是没有男人的你魚夜躲在他家做什么（桑）嗳这又奇了瘟司殿没有男人連我也不知道你那里知道（小生）这个么（桑）喝难道你纳到去过的（小生）胡说狗才從实说来就罢（桑）我不说呢（小生）我就打死你这狗才（打介桑）明白々々住手々々官打現

在眼前吃虧筭了〻〻待我説（小生）快講（桑）我才刚吃了晚飯没有事
乗凉閑逛〻〻走到痘司房門口黒裏影見到先有一个動色人硬等
着把我一碰栽了个觔斗（小生）吓〻〻（桑）不知那裡又来了个渾賬人拿
着一瓶醋蒜一路子薰那動色的因攏的是个草鷄毛不受薰就
滾了（小生）狗才以後便怎么（桑）多一面兒有位姑娘出来開門了（小生驚）吓怎么
様（桑）我就走上去看他什么道理（小生）便怎么（桑）他就問（小生）问什么（桑）説林
相公来了么（小生）吓林相公（桑应介小生）吓你〻如何回答（桑）我是順嘴溜他向
个甚的我荅应的么（小生）那女子如何対你〻（桑）也拿我这哎一把（小生）狗才（桑）

说房上去说话(小生)哑可曾说什么(桑)唉我谁要说什么话我就動手了
我就拉他的(小生急介)阿呀呀拉他什么(桑)才要動手还不道後边到叫唤出
来了(小生)呵呵还好好哑以後呢(桑)他也着了急了又没有地方藏我
故叫我扮了神道等着他(小生)後边叫唤出来做什么(桑)也没有做什么就
听他娘兒两个指了半夜的扛正指得热闹咱们的人就来了被他们结结
实实狠了一顿实在疼不过我就叫唤起来了那知道有了灯那小娼婦就
趕出我不是那个姓林的渾賬人了又把我找補上一頓又拿了麻绳
叫他们还要拴我去送官我这哑吧虧吃了就罢了么我今日晚上还要

去（小生）吓吓吓你还要去做什么（又桑）我是不依那小娼婦还要抓他去筭賬哩

（小生）唗好了無耻的狗才 咏阿呀 我越想越恨也（又）（撥棹僥僥）想桃源浅

暗逢奸故路旋又誰知是汝行奸奸奸奸奸（打介又桑白）阿哇哇站着罢我

就跟你还不过吃碗現成飯又没有學过你一両二両身價今日為了这点

小事拿我这么打法太爺不幹了了了（小生）狗才你乃刀下遊魂飢民剩飯

若無我救你性命焉有今日难道打你不得（又桑）什么此乃是我命里不

該死像山東道見上人吃人死了千千万万你為什么不去多救了呢（小生）吓吓

好忘恩負義恶奴反肆狂言抵触触柏華过来来（柏）怎么樣（小生）快快赶他

出去（柏）本來、这樣人當他有害（桑）吓、當我有害記着罷要我走筭還了我的工錢馬上就打鋪盖（小生）吓、狗才你乃光身乞丐有何鋪盖（桑）什么白使喚人就是、这么白当奴才又打我这么一頓还不与我工錢鋪盖本來筭你困了（柏）吓吓、救了你性命到对着主人这般光景要望着恩人併命真是喪良心相公你納進去待我教众人打他出去（小生）好快快打这狗才出去（下柏）众兄弟都出來打这喪良心出去（众）來了（全打桑全唱）恁不良飽吾老拳（桑白）呔、兎死狐悲真个見打起來了么好打打打（众連叫）饒饒命似此負義忘恩人世罕斥逐離门莫待延（众白）打打打（追桑下柏）打

这囚攮的：：（爱玉曲内上看打吁）爹你回来：：（柏）听　你出来做什么（爱）瞧
热闹　唉　我向你纳一句话（柏）问我什么话（爱）你纳刚才在庭司房里可曾
瞧见有这么一个十五六岁的姑娘没有（柏）有的这个姑娘利害呢（爱）
生得如何（柏）好脑袋衣头等人儿（爱）（呆介）吓：：怪道：：（柏）嗳楞不吃的问他做
什么（爱）不要你管（柏）吓　你又向我又不用我管罢呢我也没有那个闲工
夫来问你啥　你们大伙儿回来罢：：（赶下爱白）吓　那妙玉到是这么个好
人物儿又会勾引人怪不得林相公如此（尾）虽则是郎君才美易惹
佳人恋堪恨这没品鹪鹩思占先（白）那怕怎么标致会勾人我偏不容

這冤家定了、站着、倘或有人説我吃醋、怎么好、是不是、噯、老西兒整罎的醋、强着喝、何況我這一点寡醋、吃点子也無妨（唱）自悔兒家性似絨（下）

攬聘（二报人上白）走吓慣報陞遷事，能傳機密情，此間已是竹西亭，有人么（栢上）吠吠，什么人大呼小叫（报人）我们是报喜的（栢）报什么喜（报）貴府大人奉旨提兵征討，有报條在此候賞（栢）你們外廂伺候（报应下栢）吖，老爺出兵去了，快快报与夫人知道道道（下旦作愛馨郎全上全唱梅香隨上）（駐馬聽）花謝身無何事，喧嘩报小庭，深感皇天垂佑，佳兒無恙，喜遂平生（旦作）見吓（馨）二位母親（旦作連唱）你是千金之子体非輕，花回調攝須当慎（馨白）孩兒曉得（栢）恭喜夫人，真是双喜也（旦）又有何喜事（栢）老爺奉旨提兵征勦，喜单在此，报人在外候賞（乘）吖，有这等事（旦）賞那报人十两銀子（栢从下作）老爺奉旨出兵又使夫人担𢝊也（旦）老爺心然馬到成功何須掛念馨郎將報单念与我听（愛）好叫念与大伙兒听听（馨）捷報貴府大人王諱恕奉旨征蛮平寇大元帥（旦）好果然一字也不差（愛）好是討了這喜单索情你纳拿出去叫人貼了罢（馨）待我叫人貼去（下愛）這点孩子这么聰明將来必定是頭名狀元（以）了了分明（串接以）此見真可称寧馨（小生急上）喜膺新承命破敵聍班師旧母二娘恭喜賀喜（旦作多謝甥兒公子）（小生）表弟天花方謝母旧元戎破敵真是双喜騈臻三多具慶使愚甥不勝雀躍（旦作）愿賢甥公子他

日繼之（栢急上）請少待啟夫人合城文武齊集門墻賀喜本府太爺已經下轎進來了（旦）覿見快〻出去致謝（小生）領命（走介栢）林相公出來（下）小生又轉（吓）二娘來（作）怎麽（小生）所託之事夫人面前可曾提起（作）尚未（小生）今日歡喜日期此時不說更待何時（作）呸不差（小生揖介）如此全仗〻〻（又揖介作）在我（栢內应）林相公（小生）吓來了〻〻（急下旦）二娘公子喚你何事（作）公子麽（旦）呸（看愛〻低頭作）吓只為言家姻事已絕擇配无方因見愛姐端莊貞靜欲求為妾我諒夫人必然不棄就將此十全福為聘未識夫人台命若何（旦）元來為此林生一到我早有此心

要將愛玉与他以酬他父親當日送你到此之德後因言家絕了姻親故爾中止今既專意相求足見愛玉之福也（作）我說夫人必然見允請收了十全福（旦）吓愛玉（愛低頭見旦）林相公今雖被斥日後奸僧消敗復職只在眼前你若嫁他後福不小这聘物你可收下從今以後就是我的族甥媳了（作）謝了夫人（愛）多謝夫人抬舉（旦）你快去唤你父親進来說明教他也生欢喜（愛）這个求夫人且不用提着（旦作）為何（愛）依愛玉的念頭今日受聘的事情不但不告訴我父親連林相公也得瞞着作（旦作）吓这又何故（愛）不是吓林相公此刻

正室尚虛，如何偏房先定，必須將言小姐用計停當，然後才露出今日之事，这才免了林相公薄倖之名，日後就是大小面上免了醋徑，（旦作）吖，（爱唱）【前腔】妻妾和宜，要相守終身，豈浪行，（作白）妙哉，愛姐之見識，不但体貼夫妻，亦且調和正室，意見周詳，（旦）便是愛玉此舉，真是我甥兒之福也，竟依你行事便了，（爱）雖蒙夫人依了，愛玉怎么想个萬全之計，探听言小姐的消息終好，（旦）計是有，只是无人能去，（爱）夫人定的什么计，且説出来，看能行不能行，（作）夫人心中之意，莫非先使一人到他閨中，探言氏心跡么，（旦）然也，我已備下玩器數件，將十全福，

雜在其中，全人到他閨中貨賣，有言氏見了原聘啊。(又)还是欢喜愁
面借此投言，立試邪貞。(愛白)以前二娘說空身進去，这到难提。如今
夫人說進去賣珠宝，真是好計。明日竟是我去走走。(旦)若得你
去，越發妥当了，言氏的行藏立是便見矣。(作)既如此，不可遲延，
明日就去。(愛)是了。(全又)今宵准備宝和珍，明辰去探閨中信。(旦作下)
(愛)啞啞，瞧瞧我的手段罢。這么一辦，連正夫人也在我手裡鑽着。这时
候，夫人、二娘也被我拿住了，林相公再想什么痘司殿的妙玉，嘿嘿，那就赦
他困了罢。(又)非我偏心，一出二房安容相並。(白)你瞧这一来体面不体面，嘿嘿。

将来还要大體面哩（下）

攬聘

〔穿嬰〕〔小學生挐書包上〕吃了飯上學〻房去了〔四邊靜〻〕匆〻前往書
斋去街衢敢閒覷〔又一李生上叹〕口内背詩書臨时恐忘記〔萬福跟上
拍頭、李生呆万〕在這里了〔李生呆跟介万叹〕低〻十语輕〻一記䰟魄就摇懸
隨吾不知処〔白〕哈〻快到言府交代去〔急下〕

虚媒（言氏上）（引）嚴親作事太乖張使弱女痛斷肝腸（白）奴家言如玉可笑我爹爹只知勢利不顧綱常林生罷官到此就親我爹爹前恭後倨激惱林生索取原聘而去奴家一聞此信即欲投環自盡唉怎奈有恩有心在誓必保全拐來的一百嬰孩性命我若一死豈非為善不終也為此苟延殘喘罷且待嬰兒滿數救了他們那时尽節而亡以謝林郎才是一舉兩得也（乳娘上）嬰兒何罪孽也使入監牢小姐領匙鑰又有兩個孩子來了（氏）吖又有兩個來了呸如此乳娘隨我出去（帶匙鑰唱）

（二郎神）堯頑父助奸僧仝惡相濟喪尽良心便把天理廢

蒼生赤子何辜遭此災危（萬福全院子上）咊走々（二孩子）阿呀我要回去（萬）呸旣来了住一宿明日送你們回去（二孩）阿呀爹娘吓（萬对院白）交代明白了我去了（院子）是了（萬）進去々（下院子）吓乳娘又是兩个来了（推二孩進門關介即下乳鎖介乳白）咳可怜々（氏）唉你看这此孩子多是好々人家兒女生々拐騙將来送登鬼籙毋他父母在家不知怎生着急哩（乳）便是（内）阿呀快々放我們去嚧（哭介氏）乳娘你听紛々嚷々無非呼父呼娘哭々啼々盡是思歸念家 阿呀好不傷心慘目也（乳）便是（内）阿呀我那親媽々好爸々吓（氏唱）听語聞声心胆碎況將来要分肢破體（乳白）小姐目覩慘事委实傷心到不如回房去罢（氏）

唉（連叹）猛思维待周全想不出个妙美玄機（付言吉交上白）一心貪富貴

滿腹想榮華（氏）爹爹（付）我的見你的喜事到了（氏）未亡人有何喜事

（付）吓我為林俊退婚之後日夜憂悶可喜今見有本城李給事之

子年方二十才貌双全央李旦来作伐又有張戶部之孫已中進士到此

求親这兩家多是門當戶对你心裡中意那一家為父的依你就是

了（氏）爹爹差矣（付）何差（氏）孩兒幼許林門終身已定林生被爹爹

一番奚落激怒退婚（付）吓吓 不虧我一番奚落他怎肯退婚吓（氏）

孩兒已拚長齋綉佛終此餘生安肯再字他人抱慚一世嗬（付）吓吓

這是甚的話吓（氏連唱）〔前腔〕休提奴雖女子知書守禮那改節
忘倫安可擬（付白）吓我為膝下無兒止生你一人指望招個快壻娛
我暮年你若長齋繡佛可不是活〻的苦死了我了么（氏）吓爹〻要
想招個快壻么（付）吓不然我若大的家財給与何人受用呢（氏）林生少
年科第官授刑曹足稱快壻此乃薄命孩兒福淺难招累他罷
斥如今若再字高門仍如前轍奈何（以）兒知薄命何須勉強謀
為（付）唉（接唱）你少小年華怎灰志氣絕不想夫榮妻貴（氏白）実对
爹〻説了罷那日退婚之夜孩兒已欲投繯自尽（付）哇（氏）只為有一左

心事未完故尔暫延歲月（付）有甚的心事未完（氏）這个（付）就说与
我听着（氏）唉忩是一庄忤逆爹爹的事做出来便見此时休来问
我（付）呀呀听这妮子無非恋恋林生呸呸呀有了改日必須假造一
詞只说林生已经别娶斷絕他的念頭就是了（氏）爹爹不必沉
吟揔之議婚兩字劝爹爹息了这念頭罷（唱）枉思機念孩兒心如槁木寒
灰（付白）哈哈哈我要他斷絕林俊的念頭他反教我斷絕議婚的妄想
這到可笑（亂上）少待少待我去通報啓小姐外面有一兑珠寶的牙婆
要見小姐（氏）唉这時候誰耐煩兌什么珠寶回他去（亂）小姐若是这

幾個熟識的牙婆老婢早已打發去了如今這個女子端雅動人
風流標緻得狠哩(付)叮竟標緻端雅么(乳)是的(付)如此快喚他進來
見我(乳)是了(哙)兒珠宝的呢(愛)上來了隨機須應變行賄進
門闌媽媽有勞你納了(乳)好說(愛)吓小姐在那裡(乳)老爺在此(愛)
阿呀怎么好(愛)怕什么(乳)見了老爺(愛)言老爺(付)罢了罢了(乳)这
是小姐(愛)小姐(氏)罢了(愛)果然好位小姐(付)果然好个女子(氏)便
是(付)唱牙婆你姓甚名誰住居何處小小年紀因何幹这營生
(愛)言老爺我並不是牙婆我姓栢我父親在本任巡撫新近奉旨

提兵勦寇大元帥王大人府中管門的女孩兒（付）吖原來王巡撫門上的姑娘
（愛）正是（付）為什么甚子出來覓起珠宝來嗜（愛）吖我們裡边姨娘們有多
餘的大珠串滾圓的珠子宝石还有些些玉器吽我去掉有人說別家
是覓不起除非言府上小姐这才愛这些些東西所以拏東東請小姐看
的（付）你既不是牙婆只好吽你栢大姐了哇（愛）豈敢豈敢（付）這啜栢大
姐你既到此且將宝貨拿出來大家賞鑑賞鑑（愛）是了哪哪這是
寶石鴛鴦（付）嘖嘖唉好顏色吖吖這是個鴛鴦只怕还有一隻罢
（愛）沒有了（付）唉唉可惜鴛鴦單了就不值錢了哇（愛）吖本來原是

一對不知被那个不知好歹東西硬拆了一個去如今到落了單了（付）女兒中不中（氏）嗳（集賢賓）鴛鴦一對生異離如奴鴛侶分飛（付白）兒央既是單的小姐不要（愛）小姐既不愛單的免了这金鳳釵罢是成双的了（付）我見中意成双々的来了々々々々（氏連唱）羞覩金釵成偶配動心頭轉自生悲（付白）莫哭々快取过来（愛）成双又不中好哪々你納瞧々這白玉和合好不好（付）嘖々这和合的玉真好呢端的無賽这是女兒中的了（愛）這和合还有人褒貶過说底面不一樣不是原配請小姐瞧々是原配不是原配（付）呸这女子说的話句々有些打動我女

兒奇怪（氏）吓（叹）我听言詳味何語：含機堪異使我慚無地（爱
介白）又不中哪　這十全福如何（氏）呼（連叹）逢舊物頓然驚悸（付白）
哦這就是林家的十全福我說这女子奇怪（氏）住了栢大姐這十全福
你從何處得来可細細說与我知道（爱）小姐說也話長有一位福建的林
相公是我們裡边王老爺的親戚回家短了盤纏將这十全福賣与
裡边娘娘們他就回去了（氏）吗林生賣了十全福回去了（爱）回去了（付）这
女子来得湊巧了今番不怕我女兒心活了（氏）阿呀天吓（唱）（前腔）聞言
頓使珠泪垂这姻缘決絶休提（付白）如何这十全福是林家世寶

多賣掉了諒其家事凋凌不必言矣從今以後休想林生只好順從
我議婚他姓的了（即唱 愛北背白）果然不出夫人所料言小姐貞節不假（付
唱）自此今朝將痴念廢另配高門之子于歸（氏 唉爹々（接唱）由人棄
此世裡斷不他適（付白 吓ヽヽ）甚的話林生如此薄倖你还要恋着他
我如今拏定主意方才張李二家之内擇定一家為婿也不怕你飛
上天去（氏 吓 爹々必欲孩兒改節么（付 此時不嫁更待何时（氏 阿呀罢
（叹 心自恚拚得个珠沉玉碎（撞介 乳母扶劝介）阿呀小姐使不得的（扶
下付）阿呀我兒不可如此管家婆々你々看好了吓 喝々 这还了得！

栢大姐你也不用去在此劝劝小姐我还有说话〔有一派進内態看的〕我到前厅看看就来
阿喑 可唏死我了〔下爱〕你能去就是了我不走 阿呀 听言吉交口氣
現在兩家在此議親言言小姐貞節不假我此时不保全更待何时〔又
〔黄鶯兒〕將何来保貞姬 有了 詭為媒暫美奇 且撒 瞞天大謊無
根蒂〔付慌又上白〕〔又一派從内出来的〕不好不放心唸管家婆小姐是交代你的了吓 阿哟阿哟 还
了得了得 喝 栢大姐来来 爱 怎么付 劳你在此劝劝小姐况且你頭一回来不買你
幾樣東西下回就不肯来了哇回来隨多留下一兩樣就是了 爱 方才的東西
一樣也不賣的〔付 吓不賣你拏来做甚的〔爱 老实告訴老爺罢我是来

做媒的（付）吓、你与谁做媒、吓、（爱）我家老爷有位公子今年可是二十岁了久慕府上小姐才貌双全知道林公子退了婚就要遣人来求小姐庚帖怕攀高不上所以叫我来、攀這十全福打動小姐、看言老爺是何主裁（唱）觑情趁機實情做媒尊行定見如何意（付白）吖、王巡撫的公子要攀我家的小姐（爱）猜着了（付）唉、既有這個話何不早說（爱）我早要提听見府上有這些鄉宦縉紳求親所以不敢說了（付）唉、鄉紳車載斗量巡撫天下能有幾個況如今又是出兵大元帥如此現任威武那些鄉紳攀他做甚的（爱）這么說老爺是情愿應允王府上的（付）吓、這個親家不攀还

要挑甚的人家眷（愛）既如此老爺寫起庚帖來待我進去勸勸小姐（付）吓動
也動不得（愛）為什么（付）你方才不曾看見么說了兩家求親就要尋死不覓活
如果要我出帖还得瞞他你進去这么一告訴哇這就黑了天了哇（愛）這個
言老爺不是我謗的話（付）怎敢怎敢（愛）我進去只要三言兩語包管小姐不
但回心轉意馬上若是王府要成親小姐馬上就肯你納試試瞧（付）叨不
信你有如此口才（愛）你納瞧就是了（付）哈哈若果有此手段哪我謝你白
銀一百兩（愛）休提銀錢瞧了我的手段再說（付）是是如此我去寫庚帖你
就全小姐說去（愛）是了（付）管家婆栢大姐進来了哈哈如果說得成这頭

親事是更快活〻（下愛）吓　原来是這么个势利的老糊塗真是頭一
回見怪不得林相公提起言吉交咬牙切齒果然只顧眼言风光我且進
去（走白）小姐我進来了（乳氏上以）正怀疑欸詰裙釵来意忽听進闈闈（愛白）
小姐不要氣坏了尊体（氏）吓　栢大姐我方才正要問你〻言〻带刺语〻含
機不想我父乱命所逼恨死晚矣你此来还是有意来嘲笑与
我呢还是無心偶来快〻说个明白（愛）吓　实告诉小姐罢我是有意来
保全小姐名節的（氏）禁声（双边看）請問姐〻是何等樣人乞道其詳
（愛）小姐听啟那林相公呵（前腔）是王府至親戚舅和甥最合機那

林生負氣姻親棄、老夫人恰伊遣奴來探伊保全貞操奇謀秘

（氏白）吓 你家老夫人設甚奇謀、一發說与奴知道（愛）小姐哪 奴如此〻

恁般〻（氏）阿呀 據姐〻所言你不過是王府門公之女与林言二姓毫

無干涉却具此俠腸週全此事真乃当世奇女也請上受我一拜

（愛推住）阿呀 小姐請起你納不知道我在林相公面上也應該出力的（氏）

吓 你与林姓有何瓜葛請教明言（愛）吓（叹）主人媒新承福聘位列小

星題（氏白）吓 原來姐〻也受过林生之聘了（愛）是夫人作主就將送

十全福為聘的（氏）阿呀 妙哉 我言如玉好僥倖也姐〻 吓我和你情関望休

咸今日當先結為姊妹患难相扶生死如一（愛）阿呀小姐眼前貴
賤相懸日後大小各別動也動不得（氏）実不相瞞姐〻說奴家只
為爹〻不端斡旋無術閨中無助如坐針毡今遇姐〻如此高風
俠氣正有一庄大事奉托（簇御林）休推阻望曲依拜盟香 天鑒
知和伊結下閨中契（愛）吖小姐还有一件大事要我代劳（氏）正是（愛）
什么事情呢（氏）這是我家中之事此时不及明言你我且拜為姊妹便
好时常往来細〻告訴姐〻就好商量而办了（愛）吖〻〻既蒙小姐台愛
只得從命了（氏）如此奴家有占了妹子請上做姐〻的有一拜（愛）妹子

这里嗳到底使不得〻〻(氏)阿呀末呢(爱)動不得(氏)阿呀妹子吓(叹)今
後要賴伊嬋娟義(爱)如此姐〻請上做妹子的這里叩豆了(全叹)兩
心期相扶患难休戚共安危(付曲内上白)吓進去了半天了待我進去
瞧〻嘻〻〻你們在这塊頑甚的把戲儕(爱)拜姊妹(付)唉〻〻怎干拜
起姊妹来儕(爱)我原是不敢的小姐說媒人做得好是要拜定了(付)
叮小姐應了(爱)應了(付)親事成了(爱)成了(付)唅〻〻阿呀好快活(爱)如
何(付)好实在能幹(爱)一百兩頭来(付)唉〻你們既拜了姊妹我就
是你的干老子一家人了嗗还要我的銀子(爱)好阿提有錢就变了臉

（氏）吓爹〻妹子说来的親事我已應承只要受了十全福不要受王
姓綵毫財礼（付）唉我只要与巡撫做親家要甚的財礼偺一点也不
要如何（氏）栢家大姐我已与他结為姊妹常〻往来須要優待他些（付）
我还巴不能勾他天〻来呢　哼〻〻　这是庚帖你请了去与我多〻上覆
親母说我只受十全福為聘財礼綵毫不受只要女婿拜門荣耀就
是了（爱）諸事容易先送十全福為定姐〻请收了但是就要成亲的
嗜（付）这个容易（爱叹）（前腔）蕭家史秉鳳龍聆秦台弄玉吹（白）姐〻
我去了（氏）妹子（接叹）望你时来相依倚（爱）姐〻吓（叹）不用你再三多嘱咐（付）

（曲内白）瞧他二人这才親熱哩（氏）妹子你得暇就要来的嘘（愛）我得空就来

（氏）免得奴家日〻盼你（愛）是了姐〻你请進去罢（氏）阿呀妹子转来（愛）姐〻

怎么说（氏咬耳介愛）是了姐〻（咬耳式氏）我曉得你去罢（下愛）我去了（付）嗄

為甚子只管交頭接耳的 呸 其中定有个巧異頭咤 唫 栢大姐你們

咬着耳朶说些甚的（愛）到了後来你纳就明白了（付）唉我在這塊瞧你的

來意不要还是林俊託你來的罢（愛）阿呀〻〻 言老爺你说什么話吖

這么着罢索性顯个手段你纳瞧〻我有本事回去仝太〻说擇定了日子

教我們公子到這里来拜堂成親如付（付）哈〻〻 這就是了〻〻 呸〻 实在能

言舌辯我也愛及了〔愛〕哦急来了〔付〕叹 好姣姿他时若至和伊暢飲
叙心期〔愛白〕阿呀 言老爺你納鬧錯了令愛千金是我姐〻你納如此行
為把令愛擱了那里去了么〔付〕咳 姊〻是作不得准的我們先拉〻手〔愛〕
呸 什么作不得准 嘿〻 我們姊妹一輩子拆不開的了这才叫全到老呢〔付〕
吓 拜姊妹罷了怎么全到老這个話我就不懂了〔愛〕可是不懂〔付〕真
不懂〔愛〕你就打今日不懂起往後你納正要不懂呢〔奔下付〕捉〻〻 哈〻〻 阿呀〻
好个栢大姐 咳 真風韻又刮氣实在愛人子 这塊肥肉且畄看他待女婿
成親之後必要弄他到口看他逃到拉快去 好了〻〻 如今我是巡撫

的親家了吓哈〻、打今日就快活起了、巡撫的親家〻〻、大元帥的親家了、

哈〻、（下愛急上）嗄哈〻、阿呀、有趣吓、（猶見愛玉）因探志節、易服進香閨、

應變隨時就美機、一番鬼話有誰知、（浪白）夫人二娘快來、（旦作接叹上）正怀

疑問嬋娟、何事竟日方歸、（愛白）夫人二娘（旦作）愛玉姐回來了、為何去了

一日、（愛）說也湊巧、愛玉去言吉交正在那里逼着小姐改嫁、（旦作）吓、此女從

也不從、（愛）好一位言小姐吓、（前腔）情愿堦前碎首、節操自堅持、（作

介白）有這等事、（旦）二娘你道這如何、（愛連叹）我頓起靈機、詭語媒道吾

家公子、聘為妻、（旦作介白）言老可允、（愛連叹）他欢怡、庚帖忙書、旧聘

仍回（旦）好虧你我料此行必須你去若是別人焉有如此急智（愛）那言吉交听見這裡老爺乃久任巡撫二來又奉旨領兵元帥樂極了一點財禮不要只要女壻拜門粧他的體面要個好看（旦作）你可曾許他（愛）不許如何成事（旦作）阿呀臨期誰去拜門（愛）愛玉先已打點有人去拜門（旦作）郤叫何人前去（愛）瞧着林相公面上必須有屈二娘一徃（尾）到臨期權扮乘龍壻（旦白）啞虧你想得到只怕二娘不肯（作）夫人愛姐為了林公子如此奔馳操箕賤妾何惜一徃（旦）好賢哉二娘難得言氏如此貞節但不知甥兒意下如

何（愛）夫人不用愁且擇了日子二娘竟到言家拜堂做親使言老信伏過這幺幾朝且把言小姐弄了過來見直的不用告訴林相公（唱）要兩下調和再美機（旦白）隨你就是了（愛）言小姐还有多少說話且到裡面細細告禀（旦）如此隨我進來（旦作下愛）是了嘿嘿不是我愛玉誇口（唱）無限空頭誰能及（下）

惡遇(萬福上白)生成奸惡膽長就拐兒心只圖一人喜那顧百家尋自家萬福奉命來揚要拐一百個小孩兒取腦配藥進上這是正主還有帯腳言老爺托我也要美個二三十來了兩個多月不上四十來個孩子國師眼下要到了心裡好不着忙前日見教場裡有個學堂到有幾個好孩子清清秀秀又沒有人跟着是我嘴裡的肉為此時刻在此等候(亭前柳)奉命覓嬰孩不顧踏穿鞋要求完百數才得報功來來(二孝生抱書包上叹)書斋出得心欢爱急返家庭索果品倒娘怀(萬福跟下 桑長吳披蓆哭上白)阿呀呀肚子裡好餓吓喔六六的

难过吓　唉想我桑長只有了飽飯吃了　到又想起風月来了　听了黑
牡丹的话要想赊上佳期　唉　應該倒運碰着了妙玉这个皇吽我扮瘟
司老爺再没有这么凑巧的事刚刚王府差乘家人来折毁瘟司庙
急得个要死打得昏天黑地被乘人牵了回去又找補一頓好打这也
罢了誰知这書獃子恨極了我了吽家人連夜把我関出来了行李也
不許拏隨身这点衣服不上幾天賣得干干净净借又没处借住又没
处住肚子又餓怎么好没法只好原串这出戲了　咳（前腔）想小過
不為歪斥逐豈應該今朝仍吽化想起恨难排（丑生又上以）書斎

出得心欢爱急返家庭索果品倒娘怀(萬跟上畫符欵指桑白)嘆这不是萬恶么拏拐子(李生下万跌介慌逃桑)那裡走々々(万)呸元来就是你这喪良心到把我唬了这么一跳(桑)你既害怕就不該幹这句當了哇(万)唉好々一塊肉纔々要到嘴被你攪掉了你等一等待我赶上去弄了回来再说(桑)什么走吓大风大雨走到那塊去我為你借了盤費進了京找你々又出了差了(万)我来了两个多月了(桑)你知道我京裡是一个人也不認得只好要飯回来今見既碰見了你还想走々罢了(万)唉我問你々找我做什么(桑)做什么好的你跟了国师發了財

就忘了我這么个苦朋友了我你也得美碗飯給我吃吃就是这么一句话（万）我在国师门下也是有名無实你知道我不会拿别的则有这点武藝兒發什么財（桑）吓难道国师也是拐騙手（万）呸悄没声兒的罢（桑）我天天嚷快了你不來（万）咱们这里来（到没有人的地方）说话（桑）你瞧見了我就熱不过了罢了先给你磕見一下子罢了粗鹵奉献（万）呸不差什么鬍子多有了不害燥么（桑）喝阿哟哟有了幾个錢就这么难伺候了么（万）谁想今这宗事情（桑）吓不然你叫我到没有人的地方来做甚的僧（万）唉我問你為什么美得这么个樣兒（桑）吓我刚才话说的為我你到京就没有了

盤纏到了山東正遇荒年人吃人被他們拏住了正好當点心（万）怎么
樣（桑）亏了斯文下作人救了性命（万）吓救了你的命就是大恩人到
說人家下作这是什么講究（桑）你知道甚的他見我長得俊这總（要想變婆我）
救我的（万）好嘴臉真不害燥（桑）嘎我起根兒就是这付嘴臉的么
没有良心的東西你那個時候怎么叫我的親吓肉吓愛死我了俗們
不是那么親熱我来找你做甚的这时候就嫌我嘴臉不好了（万）噯
咱們不提旧話你既跟了那人為何如此光景（桑）你知道他是要我令（變婆）
定了我不令（教他變婆）定了所以情愿要飯不情愿教他變婆（万）呸一派胡説你既要

想我提拔你可会冩馬筭美么（桑）不会（万）会冩馬（桑）也不会（万）甚么兒不会要你去吃飯（桑）嗳你到会什么（万）我有大本事吓（桑）什么大本事（万）方才那一着児（桑）騙孩子这就筭美了大本事了（万）筭不了本事你到美一个我瞧瞧（桑）你教了我我少不得也会了（万）什么这是国师傳授的意么教你（桑）你不教我吓啥四鄰地方快来拏拐子（万）哑悄没声児的罢真是坑死我了（桑）你教了我我就不嚷了（万）教你就是了但是国师来了收不收不与我什么相干（桑）国师收不收我是跟定了你了（万）唉真是我的魔頭不用说了且去洗个澡到下处换两件衣服再说（桑）

我告訴你我是最笨不过的那些咒語吓画符吓學不会你要通腸
下点子工夫教我呢（万）呸看你怎么了（桑）阿呀 做得那么个正經包管
我一洗澡一換衣裳只怕还饒不过我罢（万）呸 走罢（全下）

大戰（白龍太子武裝上唱）（粉蝶兒）[小噴吶]三尺龍鞘太阿匣光芒碧繞看崚嶒嵯峨圍牢甚[任]飛鳥怎輕入重重曲凹（白）俺白龍太子是也，只因水簇八怪竊去奇珍，殺入暹羅，搶州奪郡，圍困閩城。城中堅守不出，此皆數定難挽。今朝廷又命王恕統領羽林軍士前去救援。王恕[忠]中心為国，愛民如子，富貴非凡。我想天兵雖勇，豈能抵擋海藏之寶。俺此時不去解救，更待何時。（吹）奮神威抵敵雄狻，營今朝一鼓盡掃（下四將八小軍又四手下引王恕上全吹）[大噴吶]（泣顏回）旂幟蕩飄搖，百万貔貅[貅]來到，甚喜逢敵手，任妖氛一旦全消（報上）啟元帅前面塵土飛揚必有敵軍請令定奪（怒）再去打听（报下　怒）餓兵此來迤敵不过使我軍未能安營立寨先挫軍威尔四将听令（衆应　怒）各引本部人馬山前立下陣势須要連环斅手打本帅坐鎮山頭摩旂引战須殺他个片甲不回（衆　得令（全叹）軍威整肅一個々猙獰如狼豹（各引軍下怒白）就将大兵斉上山頭去者（衆应全叹）看雄师潤斧長戈管教他魄散魂飄（起鼓摇旂呐喊介罗古下怒白）呀〔石榴花〕（小唢呐）憑看那刀鎗劍戟势滔々一片的强弓硬弩猛如潮全憑着

天神下降怎入虎巢一字兒陣長蛇々々々々

难脱钩一个、首尾攻交、、、、、、百忙里怎生方量俺

大明朝勇将势咆哮（徐海乘倭兵上仝又）（上山楼）[小旗帜]统貔貅势压波

涛、、、、、、直長驅有谁阻挠（白）俺徐海是也圍困闉城破在旦夕

不料明朝発大兵前来抵敵為此微圍迎战先杀他个措手不及

小校杀上前去（乘应仝又）那怕他万馬千軍、、、、、怎挡俺揚威世

耀（杀介乘将圍徐下八怪上仝又）行过了峻嶺刀山万丈高急奔騰直

上踏雲霄（蟒白）方才探子来报元帅全軍被天兵圍困為此齐集

赶来急救（仝又）好一似蝎虎扒墙、、、、、、會教他全軍覆巢

（沖合圍下又殺各用寶打介　恕白）阿呀　元來倭蠻善用邪法我軍傷其大半如之奈何（黃龍犯）小眞內看三軍个个傷敗回頭鼠竄逃俺這里束手無謀、、、、、望天公救免棟條（下白又殺兵將敗白龍上八敗怪敗恕白）若無小將軍拔刀相助可恰我軍全喪於妖人之手請問高姓大名（白龍）小將姓白名龍東海人也救援來遲致使元帥驚恐（恕）元來是白將軍重勞仗義只是倭兵用此妖術將何破之（白龍）元帥且請安下營寨待小將破却妖人便了（恕）如此甚好全仗將軍神通也兵將收就此安營（兵）得令（齊下兵倭兵八怪徐上同收）忽然的助陣英豪殺氣高救天兵逃去來見曾

（八怪又）魆地里白龙来临，、、、、、、猛可的心虚胆吊（徐白）列位大仙，俺正被天兵围困，承蒙列位相救，杀出重围，官兵损其大半，不料杀出一千白甲小将，众位大仙不战自败，是何道理（蛇）元帅不知，此小将就是我们仙师之子，并非畏怯，与他还过，在仙师面上不好比并雌雄耳（徐）如此说，我兵不能进矣（又一怪）咳，如今世上至亲骨肉尚且反目，何况世谊之情（众怪）是呀，我们既然到此，难道束手而返之理（蛇）倘然仙师知道，前来归罪我们，如何是好（黑鱼）咳，如今只讲眼前之乐，那管日后之患，常言道，既做了泥鳅也怕不得泥了（蛇）既然众位执意如此，元帅带领众兵往高山眺望，待俺

擺陣捨他便了（徐）如此甚好 乘此枝隱 俺登山觀伴者（乘兵）得令（徐乘兵下
蛇）列位 我想白龍太子一定奉龍王之命 追趕我們來的 倘然得罪与他
不當穩便（螺怪）哎 弟言有理 一不做二不休 我們來意原想成其大事 享些
洪福 難道就罷了不成 我們如今也不要傷其性命 只要他知道俺們利
害 不敢再來相犯 就是龍王前來 我們仗此法寶 也不怕他（蛇）螺師兄言之
有理（蛇）既如此 就煩螺仙長去引他到來 待俺擺一八卦陣 候他追來 引
入其陣 陰霧內起各樣法寶 捨他便了（螺）有理（螺下 起鼓 蛇將劍畫符 起
鑼鼓 八鬼上 各帶鬼臉 背插背旗 各執葫蘆 青黃烟 各持卒刀 走陣 住 徐上台全叉）

〔疊字犯〕大賀內 焰焰的紅光繚繞黯黯的黑雲靠罩齊齊的擺陣圖慘慘
的密圍着團團圍圍陰兵兒咆哮一任他將勇兵驍入陣時魂魄飛消
ゝヽヽヽヽヽヽ丨〔螺引白龙上來入陣起青黃烟白龙中使花鎗兵團繞叹〕密密匝匝重重
團圍（牢）有一霎時身首受縛不能饒〔八怪起寶白龙丢鎗取寶旂在中使後將寶旂
護体出陣下兵怪白〕走了〔蛇〕他有寶旂護體不能搶他且候動靜便了陰兵
速退〔兵下徐上〕吓列位大仙我在山頭觀看只見白小將入陣圍住如何反被他
走了〔蛇〕他有寶旂護身逃遁而去諒他也不敢再來侵犯且自收兵明日管
教一陣成功便了〔徐〕有理兵將校就此回營〔兵〕得令〔全下〕〔尾〕大賀內 今朝一戰非可

小他日凌烟阁上表際会風雲在這遭（全下）

十全福四本目録

互疑（二手下引知府上）〔窣地錦襠〕竹西鼓吹古揚州舊日繁華近變
愁何來拐匪遍街頭緝獲無方實可羞（白）下官揚州府知府束守是
也蒞任此邦三載詞清訟簡世泰民安不料近日竟出了一班拐匪窃騙
孩童告狀者十有八九尽為失兒棄女下官為民公祖遭此赤子被灾寔不
傷心慘目只得嚴責馬快追捕賊党竟無所獲正在煩惱前日接到馬
牌道繼曉國師奉旨江南採選幼女即日臨境要到揚州駐扎阿呀目
前此地居民正以失子為憂豈堪再有選秀之諭我方才去請江都縣
巫能商議誰料他先已掛冠而去為此只得怀印前來迎接將民情實告

覌其喜怒縱有不測摒此一支以謅百姓便了左右出廟迎接去（外應東以合衆

何來拐匪遍街頭緝獲無方實可羞（下言吉交萬福上全叉）以前腔以國師

臨境喜心頭公館鋪排錦綉周千方百計尽其謀要博欢喜心有所求（言）

（白）下官言吉交為因国师临境故尔远來迎接萬尊督（万）言老爷（言）国

師公館本府已預備在瓊花覌中不过聊表而矣一应鋪墊陳設多是

下官用心承办还有这些供養孩子使費全仗你口内献功我此刻又送一千

兩銀子与他作見面礼难道長生不老的方子还不肯傳我（万）国师情性大

伙兒猜摸不着言老爷且見了面再商量罢（言）如此我們迎上前去（万）有

理（全叹）千方百计尽其谋要博欢心有所求（下全付执事引継暁上全叹）
〔普天乐〕擁霓旌排仙杖進江都心欢暢（净白）本师継暁欽命江南採香
得此美差焉肯輕輕放过故此一路逢州过府需索無休只有山東荒
旱勒詐不出為此担擱日期在路行了三月才到揚州地界傳令兼程而
進（旅牌）国师有令速速趲行（乘衣全叹）見隋堤楊柳飘揚向迷津今在
何方（東守上白）揚州府知府東守迎接欽差国师老大人（净）県官為何
不来迎接（東）知県掛冠而逃卑府為因急来远迎国师老大人未曾稟
报上司故此无官远迎（净）唖欽差臨境知県脱逃要你知府何用（東

是〻〻（淨）公館在那裡（末）在瓊花觀（淨）好个不識世務混賬官兒到公館伺候再處（旂牌）到公館伺候（末）是〻〻（下言万上）原任潮陽知府書交（万）家人萬福（仝）迎接老国师（淨）言先生請起（言）不敢（淨）有勞遠迎請到公館相見（言）領命（下淨）快〻赶進城関（旂倴介乘衣同下）看軍民聽御鞠躬立道傍試看從來和尚安有此等氣光（下御氏打妙玉上）阿呀（御白）小娼妇你逃到那里去（妙跪）阿呀旧毋吓你饒了我罷（御）你去找还了兄弟我便饒你（朝天子）我好孩兒頭顛無半刻离了他多是你一宵不睡言难講（妙白）旧毋吓弟〻在当街丢了我好去找如今在炕邑上被人偷了

去你纳亲眼見的嗟（以）三更窃去眼观他出户房怎教奴来寻访（仰白）
街上屋里我全不管你不找还我、、就给你个打（奴哭仰以）失見曾意
惶似割吾肺腸（奴接以）淚汪、以黄荆杖安受怎当、、、、（内打鼻仰白）
噯、欽差过来了滚起来等欽差过去再说（奴唉以）好奇冤真極枉、、、
（全付抱事继曉上全以）（普天樂）遍街衢声喧嚷妇和男争前往要观
瞧、和尚欽差現新文異事传揚（继单唱）（笛）看軍民瞻仰鞠躬立道傍
（仰見继曉随上继提着神意）呀（連以）瞥見儀容使人驚駭难详（吹打乘下继回頭
各見继低頭下仰）阿呀我的天吓、、（奴唉、、旧母你纳闹錯了不見了弟、、怎

么哭起外旧里来吓（仰）我么没有常错我是看見了国师像我前头的男人想起了旧事怎么不要心疼吓我的天吓々々（贴）吓这是什么话旧母活活的摆着我的娘舅你纳只管哭人家听見了像什么（仰）呸我前头男人何曾死了（贴）吓既没有死怎么又嫁了我娘旧呢（仰）你見了鬼了我何曾嫁你娘旧（贴）嗄見子多养了这话打那里说起来的（仰）唉我前头的男人叫吴东由卖春药的那个时候藉娼官府利害要拿他站不住了逃出江湖杳无音信被你们外旧今日骗明日哄我也没有主意上了你外旧的当拐我逃在扬州来受这个凄凉罢（哭介）（贴）吓我这才明白了

根底見是和尚的老婆現在哦是道士的相好（仰）放屁我男人吳東由何曾是和尚不過剛才看見那國和尚像吳東由可（妙）咳咳就算吳東由出了家現在做了國師他也不能還俗家的了你能也是白想他了（仰）咳常言道一夜夫妻百夜恩況且吳東由自己賣春藥何等知趣比你娘們天上地下了（妙吐介）不害燥羞羞羞（仰叹）（朝天手）好夫妻配得美恩情意爽猛恩量（咬牙式）不禁添惆悵（妙）嘆嘆（叹）他愁太難思觀其情怎當要多明心才放（白）相母不用發愁國師公館就在我們房後身只要當了神（仰）急急慕（妙）慢慢觀其真

假（又）若真夫私墻送佳期自徃猖狂（仰白）好猖婦你丢了我兒子

不去找田來嘲笑我打你這臭蹄子（打妙）阿呀又來尋着我

了（仰）你找还兄弟不找（妙）我去找就是了（仰）若不还我〻与你併了

罢（又）怎教我割斷肝腸〻〻〻〻要安息休思想〻〻〻〻（打介妙白）

阿呀我去找就是了（仰）打死你這娼婦〻〻（追下吹打綵曉全付执事上公

坐東守言吉交叅見継白）言先生後堂少坐待公事畢了还有話講

（言）是〻〻領命（下継）貴府过來〻（束）卑職在（継）本师奉旨來揚採選

秀女一百名年紀十三岁已上十六岁為止容貌要美麗汝可挨門

排戶用心查取憑他商人縉紳 也要報名查看欽限促迫難以停留汝當作違遵旨而行（末） 是是知府有下情稟上欽差老大人（繼）有何話講（末） 卑府蒞任此邦已及三載民安盜息不料近日出了一班外來的拐騙小兒的竊賊 繼 咗 此乃是你地方關係告訴本帥何干（末） 本不該以地方瑣事瀆告欽差但此間百姓為因失兒者十九八九家家如今割肉痛腸若再行採女之事益加心裂斷腸樱度民心有殄不忍敢乞慈悲保全黎庶則知府幸甚百姓感戴無涯 繼 咗 本帥奉旨而來採辦秀女如何行得慈悲

倒要請教。咱本师如何賫旨。（末）老欽差奉旨採訪江南一省，原有三十州、百餘縣，何必定要揚州採女？若得老欽差全省点選，則此地百姓幸甚矣。（継）吓，你要保護百姓，擋撥本师别处点選，还要請教你府何县該充秀女，明白说来。（末）吖，普天之下尽為赤子，何地不可採選？单府只為継揚百姓已患失子之灾，难継割女之咎，知县掛冠，亦為此尔。望欽差老大人諒情俯鑑。（継）晦晦，好个爱民如子、励口能言的知府。本师奉旨前来（揚）採女，尔地方失子与我何涉？知县临时脱逃，是為規避，例当追回问罪。尔縱属員，反自强词奪理，委

过本师么（末）卑府焉敢委屈钦差，实為民生国计。现在失見無
獲送女之谕，卑府斷難奉命。继唗！好大胆的知府，擅敢不遵送
女之谕，分明違抗圣旨，敢道我上方不利乎。末唱尊（来）哟哟，刚刀虽
快不斬无罪之人，老钦差莫以上方在手，擅作威福，恐难逃公
議尔（继）唗！煌煌御敕，皎皎上方，圣上面諭，不論文武官員，如有不遵，
即為抗旨，先斬後奏，敢誣我擅作威福（末）知府体恤民情，亦然為
国，老钦差就以上方恐嚇知府，岂非擅作威福乎（继）唗（背云介）
奉皇宣，难為違抗，不遵行，诛无妄（末）唉（叹）我牧斯邦，理獲群黎，

怨作威福莫奈吾何（继白）你道我奈何你不得　汝抗旨不遵无君无法本当斩首姑念你年老也罢且斥归田亩旋脚过来（匠应介继）速到扬州府摘取印信到来（匠应来）住了〻〻不消费心来守须知有此一番怀印而来哪〻〻请钦差收了（继）吓〻〻好个大胆的老腐儒左右先剥去冠带（众脱介继）然后申奏朝廷便了赶出去（众应东）哈〻〻妙哉〻〻我自此无忧一身轻吓採女先见我无忧也哈〻〻（下继）分付掩门（众下下言上）吓老国师（继）言先生寄育明安见深心藏匿足见用心周备足感盛情（言）不敢〻〻（万）启国师不但寄

育嬰兒用心即此公館中鋪設的錦綉玩器亦係言老爺所办（縺）
阿呀〻〻 足感〻〻（言）豈敢〻〻 言吉交昔蒙国师救命得归田里恩
深难报此須小事何足掛齒（縺）看坐（言）国师在上怎敢坐（縺）坐了
何妨（言）告坐今日国师下馬言吉交無以為敬特具白銀千兩聊
表見面之儀望国师笑納銀帖呈上（縺）阿呀〻〻 屢承厚貺何以
克当這却不敢領（言）請国师收了言吉交還有下情奉禀（縺）呀〻〻
如此权且收下（万应縺）有何見諭乞賜明言（言）国师前番尊諭來舍
上云嬰兒合藥得能長生言吉交妄想效尤求示秘方一用不知

国师可否（继）我享圣上高爵厚禄就是这个方兒你花了一千両
銀子就要求取此方太覔容易了（万）言老爷可曾听見要傳秘方
国师爷还嫌少哩（言）是是如此请国师示價（继）难道这長生不
老值不得萬両黄金哈哈（言）萬両黄金就是言吉交的家産也
不勾罢了明日攢湊三千奉献望国师看藏匿娃子分上見惠
了罢（继）縱然将方兒賤賣与你你也没处去尋这些孩子（言）
这个自然也要相煩萬尊官的了（继）你既有心指拿萬福趙錢
我何惜一方只是便宜了你（言）多谢国师（继）万初孩童現有多少

（万）有了五十四个（継）將東要他們的腦髓入藥此时必須美食配
以藥物飼之日後愈加有益言先生你到晚间將孩童情〻送進
來待我調藥喂之（言）是〻〻言吉交还有一事奉稟（継）还有何事
（言）言吉交在家闲坐不过要求神力欲圖復職惟祈青目（継）吓
你要想復職这又何难現有揚州府缺只要有一萬两銀子与我就
命你暫时署理須要尽心搜括秀女事畢隨我復命再调别
府便了（言）承国师厚恩但言吉交是本地人就做本府恐不合例
（継）我奉圣上面谕便宜行事这不合例三字誰人敢言（言）是〻〻崇国

師提拔。言吉交回去變產，連前件，一共湊成一萬兩交納。国师允

否？（継）又要我讓你四千兩。（言）求国师鑒宥。（継）要看昔日有情分

上。万福，將揚州府印信送与言老爺。（万应。言）多謝老国师。（継）搜查

秀女要緊。（言）領命。言吉交告退。萬金宮五馬衣錦在家鄉。（請

卯下。万）萬福有事，要求国师施恩。（継）你有何事？（万）万福有一兄弟流

落在外，如今恩投门下作役，望国师收録。（継）如今在那里？（万）現

在外廂，不敢擅入。（継）喚过来。（万）是。桑長與走動。（桑上）老了〻〻，只應

他人愛，那管父母皮。（万）过来見了国师爺。（桑）是。国师在上，桑長與

叩豆（继）呸，你既是万祠兄弟，為何又姓桑（桑）是小兄弟（继）什么（万）是表兄弟（继）既是你表弟，可会我们的咒语么（万）已经学过了，嘿嘿，一段一段教的（桑）通肠教过了（继）既如此是一家人了，也作门下护衛，帮你办了便了（万桑）多谢国师爷（继）与他换了服色伺候（万）是，这裡来（全下 祠凶掛刀上白）蒲田徒往返，仇客竟無踪，祠凶叩豆（继）你来了（祠凶继）我命你行刺林俊，成了如何（祠）祠凶奉命從京师一路追赶林俊，直至蒲田，並無踪影，细细打听，俱言未曾到家，為此只得前来回覆（继）这厮既未回家，却退遁何处，还当用心细细访

索访倘遇见时切不可轻放（初）是（继）往返辛苦且去歇息（初走
下万引卒孩上）这里来（孩）我爸爸呢（万）在这里随我来（孩走万）启国师卒
婴童来了（继）好生收管（万）是哄那边去（[redacted]）我要回去（桑上）这里来来来（孩）
阿呀我的妈妈叫（哭下继）万福过来（万走继）我方才路过后街见一痘
司原道旁有个妇人少女却是何等人家打听明白速来报我（万）
不消打听那妇人有个儿子小人已曾访到了手了那妇人是个道士
的老婆道士叫赵一垃那少女是他甥女（继）呀是道士的老婆呸你
可知是新娶的呢是原聘的（又桑）这个小的到知其细（继）你那知

備細（桑）小的三年前曾与他家做个香火（又桑）（継什么香火）街坊為之鄉火那婦人
兒子多养过多少的了（継）万福府窮孩子幾岁了（万）不满三岁（継）現
有三岁兒童前边又养过多少（又桑）諢介（継）呸～～多迴避了（万並桑）
嗨國师也着中了黑牡丹了我这皮条是拉定了（万）胡说聽去罷（桑）
昨日晚上開大發了今日上不得春藥饒了我一宿罷（万）只管胡说
八道（諢下継）且住方才那婦人見了我驚駭異常況且面貌牽
動真是我的结髮黑牡丹他如今已再醮他人我已出家龍（隆）重
至此那能还容相認唉（又）甚仙娥再降非吾狠心腸務須擇明

踪跡绝断魍魉(白)呸詫異々々(下)

〔救玉犬保〕（小生上白）唉富貴已拋雲外去姻緣不遂意中人小生自那晚被愛玉一番數落越生敬慕雖承二娘許我作伐只是許久竟没回音哧只恨我自己不好近日愛玉到弄得相見如氷不交一語使我快悔没趣展轉尋思又觸起表妙玉的心事未了欲到他家走〻咗又恐應了愛玉所言暗裡使人隨我反為不美因此不敢出門好悶人也（院子上）日氣含殘雨雲陰送晚雷林相公茶在此（小生）唉（院）林相公為何這幾日冗坐書齋一可不悶壞了身子明日乃是中元佳節維揚風景城隍聖會三天獻戲異樣的熱閙明日就是出巡日子相

公何不到城隍廟看〻戲覩〻熱鬧消遣悶懷如何（小生）唔〻汝言正合我意不如到彼閑步也好（院）待老奴禀知夫人跟隨相公前去（小生）唉〻不用告訴夫人我去〻就來連你也不必隨去（院）如此相公就回來吓（小生）就回來的（院下小生）唸 妙吓我此番借此為由便好悄〻偷訪妙玉走遭也（新水令）鬧街衢喧嚷路崢岐叟和童婦男捱擠俺無心覩賽會有意訪娥媚（犬赶上咔扯衣小生白）嘵復生你隨我來做什么（犬咔咬衣小生吓〻打犬介）迯不轉去（犬走又回頭跍住小生）啍〻〻（犬下小生）這狗好惹厭也（又）咫尺桃溪（犬又暗上縮後小生連唱）想天台劉郎閑会（犬望小生下急追下 妙玉內打

鑼喊吽云）我家丢了个小孩子交三歳了纔学走路下穿紅夏布褲子上穿紅兜〻光着脚牙子四方仁人君子若收畄在家快还了我只当救了我苦命的丫頭罢（打鑼上）唉（歩〻嬌〻）薄命生来悪遭際啼前世何多罪（哭介）今生拆罰奇（白）我這苦命的丫頭姓袁吽妙玉自那一天遇見林相公多情多意这等好人豈肯当面錯过所以捨了臉約他廟中相会就是那一宿晚上（阿呀〻〻）鬧出多少的糟糕事来唉这也罢临了兜要睡了把个兄弟又丢了被我那不講理的舅母説我勾引人来偷去的今日打明日罵直鬧了半个多月了前日又看見了和尚

欽差說像他頭裡的漢子被我說了他幾句更招了事了逼我出
來尋還他兒子三日內沒有兄弟也不許我回去問沒法戲房裡借
了一面戲鑼油鹽舖內求老西兒寫了一塊招帖紙今日三天了咦沒
法哈誰家收留个孩子三岁了只当行好還了我罷（雜扮尋兒男女
上叫科）哈我家丟了个孩子五岁了身穿月白夏布短褂子紅夏布褲
子白布单襪綉花紅緞鞋倘有行好君子收留在家還了我自當重謝
（喊下又尋人隨便叫尋下妙白）咳你瞧南來北往不是找兒定是尋
女他們多是男人家尚且難找教我女孩兒家走又走不動那裡

我尋了（万暗上喜介妙又）回念傷心双垂珠泪 誰字收畄一孩子倘無

覓我身危飛纖生今日終拋棄 万跟垂符拍妙々呆看万々逗面笑

点頭走妙跟下 小生上又（人之）為生來風負情痴要作个尼月主

使花柳渠魁又誰知人愿天違但相逢佳人可意到相親便

致乖離（妙跟万上急奔下 小生驚白）阿呀 这是袁妙玉吓為何踉蹌而

走好生奇怪也（又）眼睜々如痴似醉步忙々不顧高低（白）吓 事有可

疑我不免赶上前去问个明白便了（大暗上藏式小生又）事出堪奇浚

腹怀疑急追前问取因由事何缘行步如飛（追下 妙跟万上万

以）汪兜水久覔如花皃今朝途遇奇白銀到手非容易（小生这
上扯住妙白）小娘子那裡去（万見小生逃下小生）吓小娘子〻〻阿呀〻〻什么
意思吓〻〻呀〻呸（推妙〻噴噎小生）吓小娘子為什么（妙）阿喲吓你是
林相公吓（小生）正是為何这般光景（妙）阿呀不要説起為我家兄弟
不見了我被旧母逼勒我出来找尋兄弟方才有个人拏我一拍
不知怎么着我就糊塗了（以）四面浮河無人跡中间有路思逃避
幸喜逢君脫離（小生白）阿呀如今拐騙手甚多原不该出来令弟
幾时不見的（妙）就是你纳失约的那一宿（小生）禁声（各看介小生）这裡

末講（旦）吠（又）可喜相逢不禁心頭暗喜（小生白）阿呀小娘子吓小生
那晚何曾失約我曾到你家門首呵（雁兒落帶得勝令）黑暗裡遇
狂苴罵得奇誠恐是伏下了牢籠計（旦白）想末他也就遇着了桑
良心了（小生連又）俺怎肯蹭陷穽羅灾危因此上保身家急急归（旦白）
你那一宿不進來狠好為什么以後也不來了（小生連又）呀这其間就裡怎
生提俺只好委曲含糊对（旦白）罷了了旧話一概不用提了但是我的
日子比往日更苦了你再不救我唉阿呀罷不如死在你跟前到也罷了
（撞介小生扯）阿呀小娘子不可如此（旦）你知道我回去也是個死（哭小生）

小娘子你既具真心小生自然与你调停打筭个万全之策好歹救你脱離虎口便了（妙）望相公越早為妙（小生叹）且看取那壁厢成和否少不得这壁厢搭救伊（妙白）雖蒙相公如此分付但是我一时一刻也难受吖（小生）天色漸晚待我送你回去將言上覆你旧母今後切不可再出街坊尽心等我便了（妙哭小生）阿呀東嗟（叹）且归兮耐性兒静守我佳音至有日舒眉會教伊出愁城解悶圍、、、、、（下犬暗跟下御氏上白）天已黑下來了这娼奴还不見回來么（叹）僥倖（合）我思兒腸寸摺寂寞话难提（小生拖妙上）快些些走（仝叹）有約欣欣心中慰

且自回家耐尔期（犬跟望暂下小生白）吓　大娘令甥女回来了（仰）　好人材

吓咗　你回来了弟弟呢（妙）弟弟实在我不肖（仰）吖　这位是谁（妙）是

林相公吓　林相公有话告诉我旧母（小生）是是吓大娘令甥女在路上遇

了拐骗手被邪术迷心不醒人事是小生呵（仰）説話又斯文好个俊

人兒（小生以）（仗江南）　呀　蓦然间形容異様步颠踬因此上途次

拉伊归但從今莫去失便宜（仰白）咗咗咗　你细説話虽然伶变但事

情吓不用瞞我（小生）　小生句句是实情嗜（妙）　林相公多是实話（仰）

呸拐子則有騙孩子有什么拐姑娘的么我不难為你纳你進来

問你々們是怎么樣句搭上的实告訴我饒你（小生）阿呀々々（作扭奴耳朵）阿呀旧母林相公句々多是实話一点也没有撒謊的嗄（作）你騙了我我去騙誰你替我拉他進来有話再説（奴应）林相公旧母請你里面説話（小生）阿呀大娘吓你切不可將令甥女难為吓（以）望將情細推莫將他柔姿弱質受凌欺（祈山曲内上）徃返蒲田走不見半些々功吓这是林俊吓好了功劳到手了怎么想个法兒才好吓有了（曲完）吠林俊还我銀子来（小生）吓你是何等樣人我幾时欠你什么銀子（付）嗄你在京做官的时候借我三千銀子一向尋你不見今日快々还我（小

生）嚏胡説我与你素不認得何常借你什么銀子敢来平空扎詐
我么（浄）放屁你借了我的銀子反説我訛詐（小生）可不是訛詐（浄）
呔（打小生嘴巴小生）阿呀（奴）阿呀这怎么好（仰）怎么打起来了（浄）我也不
与你多講扯你見我主人去（犬瞻上小生）阿呀地方光棍訛詐平人嘘（浄）
地方欠債不还嘘（小生）强賊行兇嘘（浄）我是强賊（小生）何故来訛我
（浄）咻〻〻（小生）阿呜〻〻（抓小生下犬跟下 奴）阿呀〻〻这是什么原故（仰）好似
我叫你出去是找尋你兄弟你到找了个小白臉回来今日没有兄弟
打死你这娼妇（奴）阿呀旧母饒了我罷（仰）今日要你的命了（又打奴）阿

呀〻〻（仰）爛作貨臭娼妇（打下祁扭小生上犬跟上祁）快走〻〻（小生）何等地
方清平世界平空訛詐平人嗎（祁）走吓（旦）〔園林好〕（五記上下没）恁欠人財应償
礼宜枉嘖〻言支与語商（切住）（万恶桑良心上白）祁兄回来了（百福）这是谁
（祁）此人就是欠我銀子的林俊（桑）就是你吖黑〻也有今日（小生）
吓你是桑長男吓（桑）可不是（小生）好了（桑）好么怎么不好（小生）我
与此人素不認識平空賴我欠他銀子你来〻〻与我分辯〻〻（桑）我
吓付耳过来三个大字的牌匾全不曾（小生）唗狗才你也这等無
情么（桑）你乖〻兒的罢嘴里什么七个八个的（小生）吓你受我活

命之恩如何今日見我被人欺侮何忍袖手傍觀(桑)嘿嘿常言道你無情我無意〔義〕你今日就是現报了(小生)叩叩忘恩負義的狗才(万)呀這就是林俊呀(祁)就是他(万)我方才的好事也被他坏了(祁)万哥進去禀一声说林俊已经拿了東了在空房裡了賬罷(万)是了(小生)叩叩我不欠你的銀子了什么賬(祁)呔(小生)阿呀桑長兄劝劝叩(祁)隨我到空房中去(小生)阿呀桑大哥(祁)走走(扯下桑)老大哥我告訴你纳方才這个林俊就是山東道上收留我的斯文下作人了(万)就是他我方才莫了瘟司房

里的那个了豆也被他扯住打掉了我一住財香（柔）这时候必
做刀豆之鬼你我的氣多出了（方）祁凶此牽功劳不小（又柔）可不是
（万）快报国师知道（柔）有理寬家逢狭路（万）性命怎輕饒（下）
（犬繞場尋作進門候下場祁扭小生上）走卜卜（小生）吓你挐我到那里去（祁）
這裡是空房了進去筭賬（推進閡门小生）住了我和你並不相識
因何誣我欠你銀子难道没有王法的么（祁）呀呸林俊你还瞧着
在那里哩我实告訴你罢（小生）請教（祁）你在京叅劾国师爺牽
心太毒国师与你誓不两立今日奉命前来了尔残生（拔刀小生）阿呀

（跌介祁以）說伊知黄泉眼闭速延頸莫遲遲、、：、、、（小生）
阿呀（跳祁）吠那里走（双分班踢小生）阿呀（祁）看刀（犬上咬祁手祁丢刀
犬咬祁頸祁踢打犬不放拖番咬出彩犬喘氣作卧小生吓 這是復生吓
好咬這惡奴：、、呀 惡奴被復生咬死了 阿呀 好狗吓好狗（浩莫酒）
謝通靈異畜奇：：：：能為我拯灾危叼 方悟步：追隨牵
我夜深感你有先知保護我脱危機（白）惡奴已死此時不走更待
何時阿呀且住奸僧既遣人害我外面必有人看守爲能得出
阿呀：、打那里出去才好呢 呀 你看那边有株大樹緊靠圍墻不免攀樹而逃越墻而走（以）驀地裡飛灾頓起巧相逢冤家难避險此〻在那刀頭喪体（犬起望介小生連喝）犬呵今日裡虧伊仗你有日裡酬伊呀緊攀枝樑掾墻高墜（万桑内嗽小生驚馬下万桑、旨）神函不見回报（万）國师性急教我們前来打听〻〻这里是了（桑）吥怎么寂静無声想是殺了（万）不見動静和你進去看来（桑）有理打進犬出奔下万喔〻〻那里来的这条狗 或狗先下此段不用）（桑進门絆跌）阿哇〻〻什么東西絆我一跤元来是神哥殺死了淌在地下（万吥 為什么滿面是血（桑）阿呀喉嚨口还有个窟窿（万）阿呀不好了神凶反被林俊殺了，我們快去报与国师知道。国师有请。（继上）適遇妖嬈心驚战，黄昏可喜誅佞人。（万）啟国师，不好了，祁凶反被林俊殺了。（继）吓，有这等事？在那里？（二）在空房内。（继）待我去看来。（二）这不是？（继）阿呀，果然反被他殺了。林俊殺死祁凶，便可明彰其罪。且把尸首抬过一边。（二应，抬祁下。继）吓，外面護衛重重，林俊豈能走脫？快些找来。（万）吓，国师，你看此处樹枝攀折，墻尾淋拔，定是越墻走了。（继）墻外是何去处？（万）就是後街瘟司殿。（继）吓，就是瘟司殿。（二）正是。（继）且住，我正為此女委决不下，趁此机会，到彼觀其

真假有何不可过来（於衣继）与我傳集護衛隨本师到後边

瘟司屡去搜拿林俊便了（於）得令（下继）（尾）和伊夙世冤讐

對今世相逢難洗任你棟翅能迯何處飛（下）

奇越巧誤〔起更仰氏提浴湯甩濺浴手巾上〕阿呦〻被我又找補了

這小娼婦一頓到打得滿身是汗再去洗個澡再說罷〔唱〕

〔綿搭絮〕初秋炎熱汗雨濕輕羅那更意燥心煩無限傷情

誰曉奴〔白〕我想從前跟（嫁了）着呉來由他本來是賣春藥的再沒有

那么知情識趣能幹事的了如今跟了趙一壇一半也赶不上外

頭找尋一點事兒來賠補〻罷偏〻又是個醋壜子此刻出

了門不差什么到有一个月了瞧我一畝三犄角田乾旱得还

了得么〔叹〕旱苗枯雨露全無好一似求霖千土望霈農夫

(倒水浴桶脱衣白)唉提起了心事句了這点心曜火上来教我如何受
得阿呀除非天上掉下这么一個長々大々肥々胖々的情人兒下
来救々我罢(叹)霎時間想起風情不禁慾火升騰遍体酥(又一
更小生上墻上跳下)阿一哇(仰)阿呀不好了(拉衣急奔拖脚帯淚場外逃
小生追)阿呀不要嚷救我一救々々(仰)你是誰(小生)是我救我一救(仰吓你
不是送妙玉回来的林相公吓(小生)正是大娘(仰)好了々々救星来了(小
生)好了々々走到活路上来了(阿呀)大娘可憐我被人謀害越墻逃
难望大娘救我一救啫(仰)吓々要我救你也容易你先把来情

告訴我个明白我好救你（小生）如此大娘听禀（仰）待我穿件水衣再
説（小生叹）（小桃紅）念書生林俊舊爲官（仰白）吓你原來做過官的
怎么坏的事（小生連叹）与妖僧曾結深讎怨也（仰白）吓与国师做了
寃家了（小生連唱）恰才便相逢狹路屈誣我負金錢（仰白）吓所以方才
楞不吃的拉了你去拉你去做什么（小生連叹）賺我入飲龍泉（仰白）什么竟
要殺你么 阿呀 阿弥陀佛可唬死我了（小生連叹）因此上急逃生猛蹿
垣入尊居院（仰私白）這小模樣子真愛死我了（小生連叹）望救我殘
生喘也（仰白）我救你容易你怎么謝我（小生連叹）報深恩結草啣環

（仰白）呸，听你説得那么可怜，本來想救你，但是你心不正，我不能救。（小生）怎見得小生心不正？（仰）吓，我家的妙玉好好在街上尋他兄弟，你們兩個商量停停當當回來，幸遇見他人拏了去，不然連我也被你勾搭上了，可不是心不正一團邪念頭么？（即叹小生白）喲喲喲，小生豈是此等人吓！（仰叹）如浪蝶与狂蜂，鑽偷香性，把花穿，我如今要救你怕難纏。（小生白）阿呀，大娘吓，方才小生送令甥女回來，交代大娘，小生焉有他故？大娘看錯了人了。（仰）我再看錯罢，我纔剛從澡盆裡扒起來，甚什么兒沒有穿，光着身子，我早已瞧出你的行為來了。（叹）〔下山虎〕你

貪花怪眼只覷其间还撇甚清和向竟何妨实言（小生白）咳咳豈

有此理一發不是说话了大娘吓我此时出去誠恐冤家復遇求大

娘遣个人兒到竹西亭王府通个信兒多叫几个家人到來呵

簇擁着一乘肩輿保護返園此段恩深戴二天（仰白唱）說得

那么没要緊我且問你我這么一個年輕的娘兒們正在這裡洗

澡你這么一個年輕的後生跳下來把我上上下下週身多瞧遍了

就是那么出去了只怕没有这个理罢（小生）小生命在須臾焉敢來

看你（仰）咳再看你們男人的嘴再没有这么臭的到了外边去不知怎

么个說我的坏話哩，說我身子怎么黑，脚怎么大，下边鬍子怎么个多

（以）我露出嬌軀，遍你把我私微尽暢。覌出去揚奴醜，逢人浪喧

這無實的邪名不值錢。（小生白）大娘救了小生，焉敢反揚大娘之

醜。但請放心。（仰）唉，憑你怎么說，我揔不信。（小生）依大娘便怎么。（仰）依我

（小生）呸。（仰）除非。（小生）吓。（仰）阿呀呀，你粧糊塗，难道你还不明白么。（小生）

阿呀 實不明白。（仰）唉，除非要夫婦成真，我也有名有慶。（小生）阿呀，难爲

情吓。（仰又）（山麻稭）真个做鴛鴦伴，兩下全心，不向人言。（小生白）阿呀

大娘差矣。小生逃命尊居，蒙大娘庇護，則恩全再造，焉敢玷

污大娘則狗彘不如矣（叹）三更嬋娟能庇我再造恩深遠焉敢辱娘行尊体豈不忘恩背義罪犯通天（仰白）啐 天下的人那有你这没个良心的么（小生）怎見得（仰）咳 大凡為了个人要知恩报恩才算个人 怎么我救了你（跳足恨声）阿呀 怎么你就不来救救我么（周身軟作难熬式）（叹）

〔五韻美〕我騰慾火渾身遍 端因久曠雲雨鮮 逢伊美少年求急援（妙玉曲内上白）唉 我那狠心的旧母又打了我一頓 听他去洗澡了 倘或要長要知不去伺候他又是我的不是 还得去瞧瞧 唉 到有两个人在那裡说话 待我听听瞧（小生接仰曲内完白）这

便怎么处吖有了（曲完）吓大娘既蒙错爱小生焉敢推辞（仰）这就是了（小生）但我今晚心怀惧怯诚恐服侍不周还容小生回去调养精神改日吸哪鼓勇前来请罪如何（仰）吖（小生叹）今宵暂免容易日常诚谢谴（仰白）阿呀〻〻咳我告诉你实情话罢我今日个正在枯渴之际吖（叹）难道这天缘凑巧会联须要渴尽风流心意善（妙白）可要我的命了（曲白小生）阿呀〻〻请尊重些〻大娘饶了我罢（仰）啐到害起燥来了来罢（踢）下（妙）吖好的〻〻他方才拿我又打个句我只道他在这里洗澡那里知道这到有这宗事情今日可是守

着了该我报々仇了待我打進去不好々々常言说双拳难敵四手倘或拿不住我反要吃苦了（以下）【蠻牌令】我受辱久熬煎無隙把仇番今宵天敗露雪恨喜非凡（趙一坛曲内背包灯笼写瘟司屋字樣上白）跋涉費奔波深夜赶家門（妙）那里来个人帮々我才好（赵）開門々々（妙）誰吓（赵）是我（妙）好了々々旧々来、得正好（赵）旧母呢（妙）不用嚷旧母正在葡萄架上呢（赵）敢是与小弟々頑兒（妙）小弟々早被揚子揚了去了（赵）吓幾时揚去的（妙）阿呀旧々吓叹從伊去家门醜量结私情旧母忘廉恥顧高唐夢不顧嗣

續剪鐙日裡為雲為雨枕簟追欢（赵白）吓，有这等事，阿哟
氣死我了（叹）「江頭送別」閒言罢々々々心如火燃如何治々々々
淫邪罪愆（妖白）旧々你要拿点主意出来才好吓（赵）我此时一
無主意你有什么主意我就依你（妖）依我進去拿奸送到当官
将来还可做得人不然做定了死王八了（赵）拿奸你可帮我（妖）我
不帮谁帮你待我去拿双条绳子来（赵）不錯待我带了一把刀
咱們一齐打進去（拿刀绳妖）今日个报定了仇了（全叹）双々鼓勇携
刀尖听房中絮語纏绵（打三更赵妖全白）拿奸吓（小生）阿呀（跌上碰

妙各跌仰上見赵滿塲追小生碰赵〻跌妙身小生碰跌仰氏跌一处

赵即起攙拴住）那里走（拿繩和住妙）旧〻不用撒手快拿奸夫淫

婦送到当官去（赵）是了走〻（小生）阿呀小娘子奸夫兩字屈殺

我也（妙）吓阿呀可不好了〻〻（赵）不要管当堂去講走〻（妙）喝

旧〻站着且不用忙問明白了再説（赵）咳家裡問也是白問 送到

當官去再説罷（妙）咳你不曉得（赵）奸也拏住了什么不曉得（妙）可啼死

我了且放了説你是林相公吓（小生）正〻是（妙）你是怎么到他房裡去的

呢（小生）阿呀小娘子吓你眼見我被悪奴拏去到了公舘方知継曉夜

差即时就要将我殺死（赵）這是什么意思（仰）你放手我不逃走别死了我了（小生前白完即叹）（五般宜）虧得個義犬免将豪奴噬殲（妙）（白）叮東拿你去的忘八蛋被狗咬死了阿弥陀佛死得好（小生連叹）我急逃生踰墻到府奸情怎言（妙白）阿呀怎么好（接叹）本待要家門事报恨慾誰料把知心可意有情人陷（赵白）不用問了當官去再説罢（妙）旧々不用慌听我说这不是奸夫（仰）誰説是奸夫（赵）現在炕上拏住的还不笑奸夫（妙）這位是林相公我認識的是個正經人（仰）听見了没有是姑娘的相好就是正經人（赵）娼婦誰要你多嘴（打介仰）就不言語（妙）

連白）没有听見他說么、国师要害他逃命、跳墙过来的、可是算不得奸夫、（介）這么說了、还不信、快々放了我罷、（赵）站着々々、姑娘、依你是怎么樣、（妙）放了他去、就結了、（赵）呸、拿奸是你攛掇我、这时候又是你叫我放他去么、（妙）不敢是怎么樣、（赵）就依着你、奸夫呢放了去、这娼妇是怎么樣、（妙）則算没有这个事、驢達子騎駱駝拉倒、（赵）听、怎么说、（妙）撒開、（赵）放屁、拿奸当有頭兒的么、（妙）阿呀旧々听、这位林相公是、（以）他是斯文官現、豈可做無徒行奸、（内應）拿々々、（众）呀、為什么、（以）听喊声何处焉

（四校尉桑継上众挑国师府灯上）这裡是了、（継）打進去、（众在妙庵下桑）林俊

有了、(小生)哧、惡奴喪心、一至于此、(赵)又是什么事情、出来了、(继)拿下了、(末老赵)站着、这是我們拏的奸夫、你敢来搶去么、(继)唗、胡說、林俊潜入欽差公館、行刺本师、不肯殺我家人、初五越墻至此、你敢假捏奸情、包庇欽犯么、(赵)烏龜王八、假捏奸情、現在我們在老婆炕上一塊兒拿住的、(继)你老婆呢、(赵)这不是、(继)吓、(仰)嘍、你是吳、(继)唗、(啞鍔鼓樓頭摸癢、(仰)阿呀、丈夫吓、快来救救我罢、(继)好胡說、谁是你丈夫、(桑)你要認丈夫、是多着的哩、(赵)吓、你是桑良心、吓、你到这么揚氣了么、(桑)嘿嘿、叫你納見笑的、(继連前白)阿呀、(仪)【江神子】一向的尋妻今覷顏一旦的剖破疑團到如今無計週全白吶有了道士过来（赵衣继）你叫什么名字（赵）叫趙一壇（继）婦人过来你嫁趙一坛几年了（仰）有七年多了（继）你与林俊通奸几时了（仰）可冤枉死人了他是方才打墙上跳下来躲在我房里的一点子相干多没有（继）可又来既無奸情赵一坛必与林俊一黨無疑了取衣服与妇人穿了一齐与我拏下（乘衣继）带到公厰细〻審问定罪請旨便了（赵）怎么連我多要拏去么（乘）走吓（全）蒿拏燕雀緊囬鸦细鞫其中事绊（下妙急上扯赵）阿呀林相公（校）吹（妙跌乘）走吓（下妙赶上扯桑白）阿呀我的旧了吓

（桑）姑娘是我（妙）吓你是丧長兴吓（桑）猜着了（妙）你那一宿拐了衙司老爷被東家人拿回去見主人不是当了長隨了么怎么又進了国师府去呢（桑）不錯就是那一宿晚上国师就要了我去了（妙）当什么行當（桑）不过是内家丁（妙）旂牌是老爷了（桑）吗你見笑的真正言听計從你有事托我有求必應（妙）这么说我就把林相公旧々旧毋求你照应々々倘或有点子風声你要給我个信自当重々謝你（桑）谢是怎么个谢法（妙）怎么謝您么好（桑）你要依得我心上我就管用了（妙）了情结了你爱怎么

说全依你如何〔桑〕我也得交代你你的旧旧母多交給我但是姓林的我不曾〔妙〕為什么〔桑〕这个人寃家多有的哩〔奔下妙〕咳要想报旧母的仇出出氣解解恨谁知到害了林相公阿呀我好命苦吓〔尾〕正仗情郎脱我深坑塹谁料一念粗疎反陷〔白〕阿呀林相公遭此大害家裡影兒多不曉得我不去报信还有誰去阿呀呀半夜三更如何是好呢罷了且捱过今夜一等天亮老着臉兒問到竹西亭去便了〔以〕此夜裡無限傷心安能着枕眠〔白〕咳自已不好〔叨叨下校尉桑押林赵仰仝继跳上仝〕〔过白〕走吓〔憶多嬌〕獲巨奸

他室潛窩庇人家仝罪愆男女双〻一案牽（繼白）过来夜已更深不便細問將这班男女鎖禁三处明日審録便了（校衣帶下仰轉）站着〻〻我要交代一句話（唱）吳来由（繼）还要胡說（仰）你也不要錯怪我一个人你出門之後杳無音信弄得我少吃無穿所以嫁人的（繼）还敢多言（仰）以為迫饑寒〻〻〻〻莫認做貪淫背夫天（繼白）多講过来好生守禁（校衣帶仰走仰）阿呀我是出于無奈嘻（哭叩〻下繼）你去看茶来（桑衣下繼）阿呀这椿事教我如何决斷一个結髮妻子落于別人之手咳想当日这婦人待我的恩情今日㖞阿

喲氣死我也（又）（聞黑麻）憤氣填胸肺腑似煎夫妻对面如隔万
山阿喲（倒椅悶介桑持茶上白）一朝權在手打点探虛情国师请茶
吓阿呀国师氣多没有了吓国师〻〻（继）阿喲疼殺我也（桑）好了国
师爺甦醒（继以）三尸爆七竅烟一霎时怒火攻心不覺肝腸似
攣（桑白）国师爺此症是旧病呢还是新病（继）是心病（桑）既
是新病速傳本府快請名医调治（继）且扶我進去（桑扶继）
吥（叹）牙根咬斷腹中似火燃無限傷心〻〻〻〻向人怎言（桑）看
仔細（继）阿唷〻〻（下）

【送辱】（愛玉上白）嘿嘿今日言吉交嘩上定了我的當了【一江風】弄
機關明把他掇賺登彼炎凉岸（白）我愛玉自從與言小姐拜
為姊妹他說还有天大的事要我帮他我又到他家去了幾回
再三問他他說事情太大兩人辦不來必須二娘過了門到了他家
總好商量這件大事所以揀定今日七月十五拜門入贅言吉交
好不快活前日署了揚州府的印今日又是巡撫的公子招贅拜門
真是心滿意足了（叹）好姻緣妻妾全心喜遂平生願（旦作曲内上白梅香隨上）
姻緣離復合幻計有誰知（愛）夫人二娘出來了（旦）愛姐可曾命你

父親准備花燈喚齊六局賓相么(愛)多預備得停〻當〻的了(作)夫人今日賤妾喬粧入贅家人們知道到也不妨只是有兩個人須要瞞過纔好(愛)可是林相公与小公子這兩個人(作)便是林公子已入愛姐圈套知道不得馨郎孩子家口嘴不緊多要遣開纔好(愛)二娘實在想得到一点也不錯(旦)這又何難今日中元佳節設祭孤魂迎神賽會日期待我打發他二人全去看會如何(愛)好主意等我去叫公子來(相上)只道好姻緣誰知真掇賺啟夫人拖事花灯樂人賓相俱在外面遠〻伺候(旦)知道了(愛携馨上)公子這里來

（馨）愛玉真个叫我去看会么（愛）誰来哄你（馨）二位母親今日先生放斈我仝林表兄仝去看会咱们弟兄難得出去的今日是要頑耍〻的了（旦）栢華（栢夜旦）你領了公子着蒼頭跟着林公子到城隍〻遥一日便了（栢）啟夫人蒼頭說林公子昨日飯後去到城隍廟觀〻着熱鬧竟没有回来（乖）呀没有回来（栢夜旦）呸如此你領了公子自去便了一路上須要小心（馨）孩兒告退（吓）哈〻栢華兒〻们快些〻去罷〻（栢）天色还早慢些走（栢下旦）咳林生少年情性昨夜不归多因妓館高眠去了（作）便是（愛）夫人林相公到不是妓館高眠（旦）却是那里去了

（愛）愛玉可知道他有個安身去处（旦作）吖你竟知道在那里呢（愛）自從小公子出花那一宿他三更天才回来可被我挤住了盤问了个細底（旦作）在何等人家住扎（愛）就是痘司殿的道士他有个外甥女兒叫妙玉（又）他萍逢两意聯、、、情投常往返非宵定宿他庭院（旦白）此亦才人之故態（愛）夫人好大量（旦）秉此时林生未归馨兒已去我和你伏侍二娘快、改扮起来（愛）有理你丫兒也去换粧罢（梅香下换服全又上）前腔卸雲鬟打高髻低、才出書生面帯儒冠博帯寬衣掩过金蓮瓣（愛曲内介白）唱你看二

娘改粧起來真是一位絕美的新郎了（乘連叉）翩翩美少年〻〻〻〻
誰人識女顏（吹打灯夫樂人儐相伴娘執事院子帶馬騎全下）（愛）阿呀呀
這个風光体面把一个言吉交就樂死了（旦）二娘已去愛姐你是媒
人也該去了吓（愛）既是大媒我也該打扮打扮了（叉）一番詭計誰人
訴無隱無遺（妙）呀（接叉）我聞言語塞教奴有話難提（愛白）如何
猜着了实情閉口無言了（旦）有些些意思（妙）為什么閉口無言我
不过在這裡王府上讓你一句（愛）那到不用你讓有話只管说（妙）
你的說話全南左了国师如拿我们旧旧是這么说的林俊潜入公

皈行剌本师不肖杀其家人逃匿瘟司庙道士通仝一氣与我一併拿下（又）银鐺鉄索一並麾因此急板求全不可羈（旦白）如此說来分明继晓排成毒計林生落其圈套了（外）夫人一点不錯（旦）夫人不要受鑽他最喜欢私約人夜里談心林相公这一程子没有出门昨日偶然出去被他迷住了还不知与他旧毋搶風吃醋他旧旧回来拿奸閙將起来被公皈里听見了这才被继晓过来拿了去林相公害在你手里了（又）我先知諒其情一定無疑（外白）唉你胡說八道些什么诸凡事也有个来情現在林相公

辩（院急上）啟夫人，外面有一個女子，說是林相公有急事，托他來報信的。（旦）吖，有这等事。（爱）嗳，这又是什么事情來了？（旦）既是女子，快唤他進來。（院）是。（下）（旦）吓，爱姐，林生一夜不归，反托女子前來報信，好生奇怪。（爱）且看來意是怎么樣。（院）这里來。（妙玉）吁，來了。（不是路）意急行遲，兩足疼來粉汗落。（院白）这位就是夫人。（妙）吓，这位就是夫人，万福。（旦）罢了。（爱附耳）夫人，这女子到長得不錯。（旦）果然好吓。女子，林相公昨晚何故不归，託你來报什么信？（妙）阿呀夫人吓，林相公闖了大禍了。（旦爱）吓，什么大禍？（妙）竟被国师差人拿了去了。

（旦愛）為何事、奪去的呢、（妙）哪、（又）要謀他斃、凶徒幸尔灵畜噬、身危、（旦白）吖、那兇徒被狗咬死了、（愛）林相公怎么樣了、（妙連）（又）便高飛踰牆、跳入吾家内、洩漏风声禍候羅、（旦白）吖、林相公跳牆到了你家、後来原被繼晚嫂奪去了、（愛）想介、吔乛乛、（妙）便是、（又）反把咱們累、一家無故同遭繫、（旦白）吖、有這等事、（妙連）（又）伏望垂救、莫遲、（旦白）阿呀、這便怎么处、（愛）站着乛乛、尊駕住在那裡、与林相公有何交関、托你来报信、（妙）我家裡就在国师公館後身痘司殿裡、（愛）吖、痘司殿吖、你可就是妙玉么、（妙）吓、你纳那裡認得我、（愛）

（跳）

呀呸（姚）嗄，怎么平空啐起我来吓，（愛）我说一個姑娘家那裡認

得就来报信，原来就是你這不害羞的東西吖，（姚）嗄，这什么缘故，

（愛唱）〔入声甘州〕裙钗無耻——笑包藏厚臉，自不——思維，（旦白）吖，原来

就是方才所提之人，（愛）可不是——（姚）阿呀，我好意来报信，我又不認

識你，怎么就罵起我来吓，（愛）吖，你说不認得我，但是我就打你們

断了弔桶绳，栽了觔斗起，見直的多少情由，拿耳朵过，多在

我肚子裡，（以）撇風情献媚句人入陥——危机，（姚曲内白）嗄，這又奇了，

他那裡知道，（旦）愛姐有话好好的说，（愛連以）夫人，其間就裡伊不

知他兩下私情已久期（妙白）什么〻〻你鬧此〻什么烟兒炮現在林相公被国师家人拏了去要謀害他亏了一条狗把那个家人咬死了林相公才能脫难跳墙过来就是我們家裡怎么到造这些〻謡言我怎么勾引你家林相公真正可笑（愛）唉既是跳墙到了你家為什么不回来又被他們拏了去呢（妙）林相公跳过墙来畧訴其情不料国师忽然就来搜拏連我旧〻旧毋一共脑兒多拏去了（以）堪悲累〻傍人全罪追陪（旦白）住了继曉与林生不过是私仇只好暗中謀害遣人如拏去既然詭計不成只合罢了焉敢明

彰显捉遗累傍人的道理。（爱）可我明白了，只怕国师来拏林相公的时候在你们炕上拏的罢。（妙）阿呀，这小娼妇真利害，又被他猜着了。（爱）所以嫖客王八娼妇一鍊子才好鎖去。（妙介白）这小娼妇的说话，岂有此理了。（爱即以）【前腔】差遲必然有冤，速把其中实跳墙过来，害了我们一家子，到说我害了林相公。阿呀，委曲死我了。（哭介）（爱）夫人，林相公没有这様贱货去勾引他，他也不到这一潘儿去，也不能上国师的圈套了。怎么不是你害的么。（妙）林相公现在久後問不出来的么。还是我们害他，他来害我们的。（旦）也说得是。（爱）哎啃。林相公被你

迷住了心的了自然總是為顾你的还要问什么（妙）嗳（又）【皂角兒】
要分明他日别非莫将人沉埋九地（爱接又）任伊行俐齿伶牙白染
皂徒然辯理（旦白）这女子到也良善可人爱姐不用再提了（妙）嗳
我也不同你掐这些死杠讓了你罢（爱）你本来向我说不着（妙）夫人吓
我此番来意不过与林相公报个信夫人快快打算早救才好（旦）我晓
得（爱）扯淡这才是狗拿耗子多管闲事了林相公有事与你什么相干
（妙）阿呀我是為了我们旧旧旧母被害拿去若是林相公救了出来
我们旧旧旧母自然也無事了（爱）这个告诉你罢林相公是我家的人

这才想方法救他為什么連你们多要救出来放屁不臭(妙)唉我与你前輩子是什么冤家恨得我这么个利害(愛)我问你為什么是要勾引林相公到你们那里去(妙)是了就算我勾引坏了林相公与尊駕何幹瞧你这个樣子竟有一團的醋經在里頭(愛)吓(妙)呸怎么羕说了你毁了我罢乱(愛)阿哟(叹)一羕会乔言语激人怨賤裙釵休停顿速行勿滞(妙白)叮你倚仗家門口欺侮我罵我糟塌我还要轟我出去这么利害难道我不会恅嘴不会罵的么(愛)你敢罵……瞧着我毁你不毁你(妙)唉我就罵(愛)你敢罵……(旦)你们休得如此

（妙）唉罢（哭）欲言又止心虚自知禁不住双行珠泪掩面归啼（哭下）爱
白）啐羞〻〻不害燥的東西哭了就算了么死不堪的東西（犬曲内慌
状上嘴上彩帯血旦）爱姐進来罢（爱）阿吆〻〻今日之下出了我的氣了（犬
卧地喘氣旦）吓復生你往那里去了这一日（爱）阿呀夫人你納瞧復生
滿臉多是血什么意思（旦）便是嘴裡多是血跡什么缘故（爱）站看〻
吓是了方才妙玉説有隻狗咬死了国师家人林相公才能跳墻
逃遁難道就是復生去咬死的那个人罢（旦）啥復生可是你去咬
死的国师家人么（狗跳起叫擺尾（爱）阿呀这么看起来事情是准

的了怎么好呢（旦）便是（全叹）（前腔）看他猛纠〻双睛列裂眥省人言摇頭
擺尾又将人衣袂牵咬扯就諒乞救東君之意（旦白）呸这事怎么好（爱）吓
復生你咬着我的衣裳想是要我去救你主人么（犬叫介爱）我明白了
商量救他就是了（犬下爱）吓夫人這怎么好（旦）便是我想此事林
生未必殺人乃是犬斃兒徒奸僧不过影害尔待我星夜差人报
与老爺知道自有挽回之策（爱）夫人常言道遠水救不得近火况
継曉有心殺害再不能停當日子必須想个燃眉之計终好（旦）吖
有了現今言吉交署着楊州府（印）又是継曉心腹托他保護幾

日慢ゝ计較如何（愛）我想言吉交是个势利小人斷了他的婚就是寃家了托他也是白饒依我说还要与言小姐商量个方法總ゝ好（以）這老奸回義氣绝焉肯保嬋娟語週花全芳庇（旦白）如此事不宜遲快到閨中商議便了吩咐打轎伺候（愛連叹）風波平地姻營救旧敢祈遲（全）原得個暫羈縲絏他日欢歸（旦白）快去ゝ（愛玄各下）

毒拐（看会）原本扯爛當補

萬福、桑長只上、吊場、今日七月十五、城隍出巡、看会的甚多、我們揀好的孩子、多拍幾個、有理、那裡人多、往那那裡去、（下）拍華領聲郎上（以）（鎖南枝）衆看会男女擁擠、合頭（上）完大吹打、挑事、馬上尋（或男女作看）、八人抬城隍、上過場（衆）好盛会呀（又）（曲）內万福桑長只上、拍聲郎、（桑）万拍小孩、下、挑事城隍等又上、（又）（朝天子）（下）、拍不見聲郎、尋下、衆全下、看会的亦有尋見女下、方桑、鎖聲郎、小孩上、桑、这个是我拍的、好不好、（后）言府交納去、（全下　拍上）公子在那裡、了、阿呀（又完）公子不

見了、一定被拐子拐去、不免到言府、報與二娘知道便了、(叹完)

公子、ゝゝ、在那裡、(尋下)

十全福五本目録

收怪

倭帥引徐海上吹

【點絳唇】倭洞北関秦樓月殿江山艷麗日光天一任妖氛現（白）洞府神仙八宝粧暹羅旺氣正勝航勢如破竹無拘束指日明朝屬吾行俺倭夷隊長徐海是也自渡海以來連破明朝數十州郡頗奈魏國貞監守閩城閉関不出明主又遣王恕領兵前來尚未安營立寨我就統領本部人馬意欲先挫其鋒不料反被他團困垓心倭兵傷其大半幸虧名山八仙解釋重圍正欲報復羞忽然衝出一將白甲銀鎗十分勇猛八位仙長不戰而退問其來歷原來就是八位仙長之世弟不能反目為此俺激勵一番商議排陣擒他不

期小將有寶旂護身被他走脫諒不再來不想又來索战八位大仙迎敵去了俺不免登山觀望者（內吶喊介）呀（又）（混江龍）只听得殺声一片連天鼙鼓促征鞍（白龍追四怪殺介下介）好廝殺也（又）一個兒威風八面一個兒妖態千般俺只見乱舞梨花鎗影動斜飛銀練劍光寒比似那重圍蠻洞今日個名振常山（內喊）呀（又）听三軍人人吶喊轟兒郎個個争先（白龍上戰介八怪全上圍白下介）好一場惡戰也（又）（油葫蘆）雖不比散楚之歌九里山歎虞姬也莫返則見他充鋒悪焔没遮攔這一個舞犀角攪得滄溟轉那一個如狼罗刹撞得不周迴全（白）你看白袍小將越殺越

勇倘或城中魏国貞聞知救兵到此出戰我軍前後受敵豈能取勝
也罢待俺親提大兵一战成功便了乘兕郎（乘名徐以）快准備大刀濶斧
龍征鞍鎗追赶前軍後騎蛟龍战要成功須提斷閗亮頭（下台）
脱蟒上馬乘引下善才上白）呀（以）〔天下樂〕觀覌那壺冠爭強也那非䓁
閗亮頭不可言（白）旃檀紫竹隔凡塵七宝淨屠五色新佛號自称
覌自在楊枝普渡乘蒼生吾乃菩薩座下善才童子是也奉菩薩
之命往雷音寺取海藏法宝須索下凡走遭（以）下雲寰落雲端俺
只見少年郎战酣春風面如天蓬力只是殺氣冲猛將軍难劝展

莽男兒到此也受熬煎（上椅白龍引蟒壽上戰 白敗善才接战乘敗下 龍女变漁婆執釣魚器具上叹）【八仙會蓬萊】暮禮朝參待憑個真誠感動赴灵山遵奉尋声一处〻慈心也那苦念（白）大德菩提樹真心一片誠吾乃菩薩座下龍女是也為因海中水族攪乱閙中吾奉法旨变作漁婆往下界伏妖去者（叹）不收那兇頑巨悪单只破剎穿嗳閙閧痴愚頑怎能勾跳出了金繩鐵鎖得过難灘【十錦会雲羅】尋一所淇花異景免波瀾到原处海水潺〻（坐山子介 此处合战八怪敗下 龍女叹）呀一任恁無名出没仗倭蛮偏遇着龍宮小頑（白）我如今显此〻神通收伏孽障便了（叹）遏〻的把路兒攔全仗那八九玄功欺侮得這残班（下 白引八怪追

善才跟龍女接龍女洒楊柳枝水現形战善收宝形上繞場轉龍女追下收完龍对善
面上白）宝物已收水族自縛仝去睂旨便了（龍）有理（仝又）法力無边世外嗳重
閔（白龍上白）有劳法駕遠來拴取孽障就往普陀山拜謝菩薩去者（仝白）請
（仝又）速々去登彼岸忙々的拜慈顔（尾）行路了閔路灣收拾起紅塵患則為
那海屋添籌引水族鬼頑（下王怒東將上又）（寄生草）將倭蛮困在那驪龍
鱗排列着 重叠々刀鋒焰难逃俺熊羆貔虎
（白）且喜天兵相助妖 奮勇殺賊早奏凱歌（東夜）
报上）报啟元帅城中人馬如潮水兜來倭 （怒白）再去打听

（報应下 怨）倭兵星散大幸矣就此合兵一处殺尽倭蛮者（衆应全头）俺这里全心戮力
去 君休美今日里杀尽倭蛮其功（合兵擒徐海 怨白）
打上囚車解京候旨定奪（鉄頭捧表上白）饒伊鞠尽湘江水难洗今朝汸
面羞小邦国主年邁無知一时听信讒言有罪天朝自此年々進貢歲々来朝求元帥
网一線之恩懇求容納則再生之恩也（怨）既肯棄邪归正本帥豈有不遵之理吾
當奏聞圣上候旨定奪（鉄）多謝元帥（下 魏白）請元帥休兵三日然後班师（怨）下官竟
即 既交旨明日息兵一日後日起行便了（魏）衆將校 就此回軍（衆应合头）（煞尾）掃
尽烽烟患々齐唱凱歌旋覩蛮兵個々胆寒棄甲抛戈保生逃竄看蛮主傾心

求免再不侵犯永保無虞定安然年年進貢歲歲朝天俺今日一戰
成功奏凱旋（下）

連詑（秉院子引言吉交吉服上）（引）女壻近乘龍娛我桑榆景（白）官星照命真堪喜貴客乘龍又着忙下官簇簇新新揚州府知府言吉交是也自從國師爺下馬被我一路子奉承花費了一萬兩銀子輕輕得此高官我就狐假虎威連忙就喚了書辦將揚州縉紳塩商有女者要銀一千兩沒得銀子送我不嘗他醜美報名上冊不上幾天已經三萬有餘這買賣是做着了（咂）這也不足爲喜國師前日當面應允授我長生丹（咳咳咳）這還不筭快活眼前還有一庄喜事我家新姑爺的老子不在家我家親家母吓擇定今日中元佳節送女婿

來拜門入贅想我家親翁本來江南巡撫今又奉旨出兵不日平復回來原復舊職就是我的親鄰上司故此下官分外的奉承不用他家花費一錢一鈔吓言瑞（院應言）洞房中一應的事情多在你處了哇（院應言）王府送親一應人等都是你款待接送吓（衆應言）言亨（院應言）吩咐衙役人等不許閑人囉唣（院應言）言利姑爺到時請到花所拜堂（丫環扮院子上白）有人么（言亨）什么人（丫環扮院子）新姑爺到門名帖呈上（亨）請少待（假院子下亨）啟爺新姑爺到门名帖呈上（言）来了么不用封门快吩咐放爆内外吹打都到花所等候（衆應俱下）執事樂人全上衆丫環扮假院子作旦扮新郎騎馬傘夫

至中掌礼白）伏以新郎喬扮鵬親翁親女瞞得沒通風炎凉世態空忙乱问你今朝懂不懂請親貴人下雕鞍（作下馬進門言利上）請姑爺花廳拜堂（儐相）緩步請行（利引生下内喝礼拜堂完）送入洞房（言家梅香照灯言世上白）傳代〻〻臭騷母入的（院鋪毡介進新房作婚言氏坐介言）生人都到前面飲賞

（生下言）好了一庄大事完结了（下氏立起雨边看对作云）吓 二娘待奴家拜谢全節之恩（作阿呀）小姐請起（氏以）（步〻嬌）屡父寒盟已捹貞軀喪深荷嬋娟障洪恩怎敢忘（作小姐）堪敬你奇節堅持天人欽仰故謀合保冰霜才是情関至戚非浮浪（爱玉急上白）義関休与戚情共死和生二娘小姐在那

裡（作氏）吓妹子愛姐有何急事這等慌張（愛）哎呀不好了林相公遇着冤家

性对頭命不保了（作氏）吓遇着那个对頭有何奇事（愛）哎呀哪（以）継曉相逢災

殃降（作氏）吓遇了継曉這便怎么處為什么呢（愛）連（以）陷作刺客入法網

道伊人已赴殺傷（作氏）吓有这等事此时怎么樣了（愛）連（以）此刻縲绁困

於禁想策救伊仝即向（作氏）吓林相公被継曉陷害就要斬首了（愛）

正是（作氏）哎呀兀的不病痛殺人也（仝以）聞語斷肝腸难禁血泪滂沱放

言四内上　地难道他兩口子頭一天成親就打架不成还得我

去劝奢呀呸唉々甚的意思　又不死人到像號喪是的

一樣抱頭大哭咲 这是甚的道理奢 氏 哎呀爹爹吓我们只為林生呵（叹）

（風又松）被妖僧陷害即日赴雲陽因此聞之悲愴（言白）吓吓那个什么林

生奢（愛白）吓 就是老爷頭里的姑爷林俊吗（言）吓 林俊被禍吓你们那塊

知道（愛）林相公是我家老爷的外甥我知道了来送信的（言）吓吓不

錯吓吓 你说他回去了滑怎干还在这塊奢（愛）吗為因道見上过兵

不好走又回来了就碰着这場飛来的大禍（作氏）哎呀 林生吓（叹）滚殘

生指日溝渠葬此際裡求谁保障（言白）呸就等林生被禍与你们

甚的相干这羕嚎啕大哭难道你们多忘了今日是好日子么（愛）

言老爷新姑爷与林相公是中表兄弟自然也该要哭的（言）爱就是女婿该哭女儿为甚的也要哭奢（氏）孩儿么（言）照你为甚的（氏）昔

（此处少写一行）

日受过林生之聘始终瓜葛泪出痛肠如何忍得住呀（哭介）（爱）足见小姐顾前思後（言）胡说你与林俊恩断义绝况如今已做了王家的媳妇怎说这话你难道不怕女婿生气么（氏）听说谁是王家媳妇（爱）小姐不用生气有话好好的说（言）莫动气〻〻听（氏）哎呀我与林生呵（言）莫哭〻〻（氏叹）前盟在终〻身难忘割不断这痴肠（言白）好的这娃子越

劝越哭唥 賢婿你未吓（作）做什么（言）我女児嫁了你是你的人了他如今
只曾想念林俊你该去畨他的陽奮（作）唉 差了（言）何差（作）小姐这等
有情日後待小婿必然也不薄自古先忠于楚方得後盡于漢小婿正
喜他不背前盟如何反去说他唉 豈有此理（言）到说我不是（作）（又）前
情有義後情長相守終方欢暢（言白）阿呸 老婆在那塊想念前
夫还有这此讲究到生欢喜 呸 後生家好没志氣吓（爱）这个不為没
志氣（言）又有别的講究（爱）這叫做宰相肚裡好撑舡这才是肚子
大（言）啐 老婆相与外人到喜欢不生〻氣这算肚子大的（爱）这是肚子

大(言)这个礼信我又不懂了吓(爱)可是又不懂了(言)真正不懂(爱)你正要不懂下去呢(言)哎呀呀到甫得我心痒难抓了哇(以)观情曲意心惆怅禁不住喉咙騷癢(栢華急上白)可不好了(言瑞随上栢接)(以)尋遍了南関北坊無覓處只得振新房(言瑞白)愛姑娘你父親尋你来了(栢)劳驾〻〻(瑞)好說〻〻(下)(爱)爹叫你為何这个樣子(栢)了不得〻〻見了二娘再說(愛)悄没声兒的你跟我進来(言)吓〻這是誰一个(愛)不是外人是我爸〻(栢)哎呀二(爱)咳不要三心二意有话告诉公子(栢)是哎呀公子不好了喔小人領了公子去看會不想人多擁挤公子被騙子拐去了(作

（爱）吓，小公子不見了。（栢）不見了。（作）阿呀。（丑）阿呀。（民言全白）女婿親郎甦醒々々。
（爱）阿呀々々，怎么好々々。（栢）姑娘，我是站不住了，只好逃走的了。（爱）有盤
纏沒有？（栢）銀子身边还有。（爱）沒有錢，給我送个信，見就是了。（栢）我是
走了。（爱）去你的罢。（栢）我这一躲，不定多㗀才能勾出来。（下作以急三鎗）
闻听罢，兒遭失，心驚顫，魂消散，魄飛揚。（言白）好了々々，到叫我吃了一大
驚。（作白）吓，爱姐，快吩咐打轎，我要回去。（爱）是了。（言）吓々，慢来々々。哎，你们到
底不見了那一个？（爱）小公子吓。（言）小公子是姑爷的兄弟了吓。（爱）哪々，
可不是兄弟么。（言）不見了兄弟，不犯如此着急吓。（爱）这个兄弟比众不

同（言）怎干不同（作）嗳 不用多言快々打轎回去（愛衣言）站着々々不用忙々々

賢婿不見了令弟不妨在我身上尋还你就是了今夜弟一晚成

親空不得房的你們這些礼信懂得不懂得嗇（愛）我們大伙兒心裡

都明白々只怕就是你那心里糊塗不懂（言）吓 這又是甚的話呸我

真是又不懂了（作）嗳我此時肝腸寸割那顧得什么东西吓（双）我肺

腑煎々肝腸碎心無主安顧得空新房（愛白）林相公的事还没有消息

完又添出这个事情来这怎么处（言）咳々我这么說在我身上尋还你

們小公子怎干还不信难道要我拿一把刀给你們么（愛）言老爷这件事

情你納搭不得桥的小公子是我姑爺的命根子頑笑不得的吓（言呸
我是你的兒子纔搭桥十天之内不交还小公子筭不得人如何（愛嘰這
話句〻有此〻蹊蹺（言叹八風入松）言從口出豈無妨决不把東床欺
誑（言瑞上白）啟爺國師爺差官在外一則賀喜二来还有機密面
諭在外立等（言）是了〻〻請差官少坐說我就出来（瑞应下言）姑娘
你勸〻姑爺教他放心就是了（叹）劝他但把心兒放指日裡尋歸無
恙〻（白）我出去了就来的我就来的〻〻（下作愛全白）吓小姐令尊說話蹊蹺求
小姐說個明白（氏哎呀）二娘妹子吓奴家為了拐匪窃騙嬰兒真是食不知

味卧不貼枕正要与妹子營求此事不想今日小叔亦遭此难那妖僧惡貫滿盈也（作愛）哎呀听姐姐（小姐）說来难道拐子手就是妖僧所遣么（氏）然也（叹）妖僧覓百童腦漿配葯物進君王（作愛合白）吖有這等事如此說来（我兒公子）無命也那裡还得放还（氏）二位有所不知一向拐来的孩子盡養在我家中近日妖僧下馬所以移去此時美食調养待汝了一百方始下手小叔是先被拐安先無了不須憂慮（作愛）目下嬰兒將有多少了（氏）此間移去只有五十四個女兒不过数名奴家造有一冊在此二位請看（作愛）吖吖（氏叹）細詳名姓並居何方罪兒童身喪

(愛白)姐〻你造下這冊將于何用 (氏)吖 寔不相瞞奴家只為林生被繼曉

所斥誓必要斬妖僧于闕下欲將此冊送与舅翁上達天听不想今日

呵(又)既然公子遭罗網其悪跡愈加狂妄(作愛白)小姐姐〻主見不差(愛)待我

送与夫人看了差人送到老爺那里就是了(作)只是我孩兒拘禁傷心

如之奈何(氏)若論小叔終可無憂 哎呀 只可怜林生呵(愛)便是(氏)又遭

屈陷非其罪當無觧救意慚惶(愛白)夫人才刚說只要老爺回来

林相公还有救就怕目下繼曉下毒手太依兒想个万全之计才好(氏)保

全燃眉之计只有家父还能曲庇若提了林郎决然不肯周全目下必

須覓一个能事人兒到他公館去隨机應變兩边調停周庇則二人可保無虞也（作）好計好計（愛）呀呀（氏叹）【急三鎗】夫与叔樊籠繫明須保必智士暗相匡（愛白）若說暗中調停應變這个事情我還能勾做得來但我是婦道如何進得去繼晚的公館（作氏）若是姨子愛姐肯去方纔之妥當時只要想个法兒進得公館（愛）唉怎么好呢（全叹）奸僧館如何入牢籠去徒覩望枉勞忙（言上白）礼徵人貴重机密事非輕唉姑娘那訴兒告訴姑爺了么（氏）都与良人說明的了（言）說明了也好但怕大姐聽見了沒有（愛）怎么瞞起我來（言）唉唉不是別的此乃潑天大事外边漏不得一

点凤声的吓(氏)栢大姐是自家人听見也不妨(言)吓栢大姐怎算我家
的人儕(氏)孩儿与他结為姊妹生死相依怎么不是自家人(言)这个生
死相依四家字我到底不懂(爱)這话言老爺又不懂了(言)真不懂(爱)少
不得有日子懂的但事情告訴了我你納万安不能洩漏一点子就是了
(言)若果如此哪我就作你個揖(爱)為什么(言)千万告訴人不得(爱)教給
我錯不了(言)嬰兒之事大家都已明白也不必瞞了適才国师寄谕到来
说前日撇去的孩子他们调养不来此刻孩子一个个面黄肌瘦飲食
減少到死了一个三歲小兒所以来向我要向日照应孩子的旧人馬上就

要送進公館姑娘快吩咐这幾个管家安收拾鋪蓋明日就要送進公館

去听（氏）曉得（愛）好了机会來了 吓 言老爺打發幾位管家請安進去（言）二十名

（愛）这么罵我一名在上（言）做甚的（愛）我也進去（言）你去怎干（愛）方才小姐許

我还公子（言）唉吓吓馬上是不能吓總得想个方兒調換才得出來呢（愛）原為

这句话我家小公子嬌癡慣的没有親人在跟前怕焦坏了他怎么好讓

我進去好安安他的心（又）（見为相）吾家嬌娃豈尋常錦綉叢中生長（言）

白）唉吓吓並不是我不容你去你不曉得啞那个国师 嘿 坏得狠呢你如何

去得動也動不得（愛）嗳我愛玉只知保主不顧利害那怕国师下作坏

蛋、嘿〻碰〻我姑娘瞧罷（言介白）哎喲〻〻說得那么利害（愛叹）我是女中巾幗机謀廣、何惧他光頭無状（作氏）岳父爹〻愛姐妹子既然自愿保護公子也是一片俠腸諒不辱命可保全他忠義也（叹）忠心耿裙釵志向不辱命可無妨（言白）罷了〻既是吳婿必要他去保護小親家去去罷了但是要防備國師莫給他討了便宜去吳婿不要怪我吓（愛）拏耳朵过來算他困了（作氏）這個愛姐妹子自会保身不須过慮（言）既然如此我就去寫稟帖了吓此刻嘴硬到了拉塊嘿〻只怕就不由你作主了吓（下）（愛）阿呀這才是天從人愿（作氏）虽是天從人愿但机関太險愛姐妹子須要小心（愛）但放寬心不是

我愛玉混滂的話（以）（風入松）奴身雖女子志非常欲作盜盒床頭奇

想（作氏）哎呀妹子愛姐吓（接唱）虎狼窟裡輕身往願提奏歸家無恙（愛白）也

不用勞叨了夫人此刻還不曉得小公子不見拿這人名單子上要夫人教他

差人送与老爺看也是一庄大事（作氏全以）全仗你機深

智長全二姓是林王（曲内跪言曲内上愛白）不用說了我明日一早就來進去罷

（言）哪哪稟帖是完了明日早些好一堆兒送進去（愛）是了是了（曲完作氏下言白）

站着站着為甚的我家姑爺姑娘多磕你的頭吓（愛）這個是我們三个人

心裡的事告訴你納（言）咦就是你們三个人的事罷了為甚的要瞞我們

（愛）事情不大要瞞〻你納（言）这〻我又不懂了吓（愛）我惡告訴你納的定
了這頭親事起这才是挨肖城根兒要飯（言）怎干（愛）正摸不肖門兒呢
（急下言）你回来〻喝这句话到也不錯自從定了这頭親事我家姑娘說的
话我一点也不懂到底甚的緣故唔我到不伏我進去（倫）便要懂了纔罷我
就不懂吺也只好不懂的了嗗〻〻（下）

暗護（萬福上白）天有不測風雲、（桑長興上白）人有旦夕禍福（萬）好笑我家國師爺自從拏了林俊一干人犯忽然心疼病發半月有餘官也不見正務也不理、（桑）天、噢藥也不見一些應驗是什么道理方才吩咐出來命我去請医生來胗脉我就去吓（万）快去快來、（桑）我去了有什么门色、人來孝敬走门路的事情放公道些、（万）咳 糊小人你要飯的时候是怎么羕的、如今提拔你起來了到防備我了真是可笑（桑）什么我靠本事吃飯拉笼朋友算什么事兒 咳 就是要飯也是穷人後门你動不動薄駁我是要飯的花子哥、你招架看罢（万）吓 你有什么本事、（桑）我的本事多着的呢（万）你倒說給我

听听（桑）哪伺候国师爷差使比乘不全（万）呸不害燥（又桑）还有拐騙婴兒不等
本事么（万）哈哈这还是我教会你的就来混冲了（桑）我到底不是白吃飯没有
丢你的臉呀你動不動薄我你攏得預備着罢（下（万）呀果然名不虚傳真
是丁喪良心以後到要留点子神防備着他方好（言只上白）這裡来（爱玉
全三奶媽上全叹）（三學士）嫗婢驅馳俱任主役人外府称迓（爱）赧顔屈體
因何事只為良人被难拘（只白）這裡是了那位爷在（万上）誰（只）万爷是我
（万）哎呀原来是只大哥有何事到此（只）昨日国师扎諭道婴兒失于调养
因此宗爷送来老嫗婢女二十名服侍孩子有花名手本呈上国师爷相煩傳

禀。（万）国师有恙半月有餘，一应正務槩不得見。回衆言老爺，説我收到了，就

是了。（貝）是是，衆位姐姐們，你們好好進去承应，我是回去了。（衆女）曉得了。（貝下，万）

你們都隨我到嬰兒房裡去。（衆）是了。（全叹）听説妖僧疾病，語不容面喜心舒。

（下，四嬰孩全馨郎上，全白）阿呀，爹娘吓。（又）我的媽媽吓。（全叹）【大聖樂】念兒童幼小

乖張，幾曾離爹与娘。如今隔絕難依傍，惟日夜痛心傷，涓涓滴青衫

上。漸漸難呼頂上蒼。（万上，白）这里來，來來。（衆婦女上）作束新院子，復听舊悲声。（万）

这里是了。哪哪，匙鑰交付你們，我要到外廂去了。（衆）請便。（衆孩白）哎呀苦吓。

（衆女開門介）孩子們不要哭了，我們來看你們了。（衆孩）哎呀好了好了，媽媽們來了。

（馨）吓，你是爱（爱）不用言語我告訴你（附耳介 四孩白）哎呀媽〻前日那个花嘴花臉的人說就要送我回去誰知半月多了还是哄我們的呢（哭介 众女）不要哭本来那日原要送你們回去因不認得你們家裡所以权寄此处如今去驗你們亲人去了（四孩）真个果然（女老媪）哎呀好快活〻〻要回去了〻〻（众女）既然快活了快些去吃些飯食將养好了好見你們亲人去（孩）媽〻說得是我們都去吃飯去〻〻（众女）是的快〻去吃飯要緊〻（全下 爱）這么說来还不明白么（馨）我不吃飯我要回去（爱）唉你是聰明孩子怎么听不出話来不然早叫你出去了这件事情要在你身上扳倒继晓如今有我在这裡服侍你怕什么了好孩子進去吃飯罷（馨）誰愛吃這樣飯我要紫田去（愛）再耐〻一兩天包你回去但是不要露出名姓來（馨）知道就是了（愛）知道就是了好寶貝他們都快活吃飯去了你也進去吃點飯去罷〻〻（馨）我要紫田去誰要吃飯（下愛）好了小公子是安慰了但不知林相公監禁何處待我暗〻打听去（叹）心勞意攘這的是情關切已非比尋常（下）

【渡河】（差官上）馬來（又）【出隊子】謹遵軍令，馬驟如飛敢留停。聞道君王渡河濱。（白）自家王軍门標下差官是也。只為海寇作乱，俺奉命提兵救应閩中，果然馬到成功，暹罗克復。因此連夜班师。前日途中接省家書，元帅忽然中風不語，命我飛騎進表辭官。聞得圣上駕幸金陵，御舟將渡黃河，不免快快迎上前去。（又）急奏龙顔見分明，官法如炉晝夜忙行。（白）馬來。（下）（四大將引范邦年纛旗船夫上又）【前腔】玉衡機懋，保駕隨行御龙舟，波涛不起水悠悠，飛渡黃河輻輳。（白）俺護駕大將軍范邦年是也。永樂太皇帝定鼎順天之後，太祖孝陵遠隔江南三年一祭今上御極二十一載今逢七次之期命俺護駕南巡今日風和日麗乘將官好生保護龍舟渡過黃河去者（乘應）得令（全叹）風恬浪息擁護頓首（全下吹打稍婆掃船頭洒鑼乘船夫上扯篷四朝臣四護衛四太監四宮女二大太監旦萬范妃生成化皇帝傘夫生旦上叹）（有杜宠）

（榴花泣）海上六鰲架山來簇萬乘下南台星羅棋列畫舡排擁蘭舟後户前開（生白）妃子自先帝定都北京之後陵寢俱築順天年年致祭只有金陵太祖孝陵三年一祭朕自御極已來二十一載饗祀已臨七次矣（旦）陛下既已駕幸金陵正該西湖一巡只是慮着倭寇作亂閩中路近难已（以）遍賞（生）倭寇擾

乱闽中已命王恕領兵救援且喜一战成功暹罗国王早已具表服罪已
将倭冠徐海号令海口王恕不日班师要命妃子何須慮此（旦）海冠
平静此皆陛下洪福也（生） 江南山川秀麗人物清華内侍傳諭稍水
緩緩而行朕与娘娘观看風景（内侍） 聖上有旨龍舟緩緩而行圣上要观
風景（众应）領旨（三下锣）（生） 妙吓（又） 看中流渡淮正秋風桂子飘香藹
（范四将繞場作水声生旦連又） 至舟中浪滚波涛 萬名護来（范上龙舟白）
臣啟陛下王恕有差官飛騎前来有表章上奏（生）取（杜寵）領旨（生看吓）
王恕不日班師又有何事所奏 吱呀 好奇怪（旦） 陛下覽奏為何驚駭（生）

原來王恕年邁無子五十餘外纔得一子途中接得家書為兒被窃中風不
語書中言及繼曉採生所致維揚失兒者何止百家隱藏瓊花觀万民切齒
痛恨不信繼曉有此奇事（范）万岁既然疑心何不遣得力大臣探緝便明
虛實如何（生）若遣大臣又恐科第中人不容方外則繼曉崇寬矣（杜）
万岁爺既恐大臣陷害繼曉左右揚州路过龙舟停泊于此御駕微行
自察豈不是好（生）妙哉杜爱卿之言正合朕意就命你与范卿保駕（范）
（杜）万岁（生）如此大家改粧前往（又）【漁家樂】忙易服暗察駑駘莫遲
延挨赴兩淮堪羨　大隊舟船停泊清江朕此去切

不可傳揚于外（末）領旨（生以）費猜舟伺候（生連以）無

瑞披星月戴枉將及爵祿頂射（舟夫上洒鑼帝上岸大舟下帝騎馬末）臣壽

送駕（帝范杜下末以）寵以奸人難測生疑猜無端陷蒼生毒害誰料君王

微服來（下）

〔覷罵〕〔継曉上〕哎喲痛死我也〔又〕光〻乍生殺手中拿爵禄昰無加谁料妻与他人狎褻手氣死光〻乍〔白〕我自那晚去拏林俊欲探那庙中婦女之行藏哎呀誰知真是我結髮的黑牡丹氣怒於心幾乎一死因此諸事不理服葯無效（劾）將近月餘咊細想此病都為淫婦而起必須將此一宗公案了結才能病退身安真是心病还將心葯医為此扶病出堂家將何在〔桑在上〕堂上声何驟忙来听使命国師爺有何吩咐〔継〕万福那裡去了你一人在此答应〔桑〕他見国师爺病重故此天〻在外窃取嬰兒〔継〕呸〻如今林俊婦人赵一坛在那裡　桑　都鎖禁在那裡　継　先帯

赵一坛妇人听審吩咐開门 四牢子二皂隷上继公坐白 带赵一坛妇人听審 皂傳带赵一坛仰氏上白 赵一坛妇人當面 继 妇人带下去 带仰科继 赵一坛你幾年上奸拐仰氏到揚州來的 赵 国师爷若向奸情奸夫是林俊也要向々林俊怎么到我老婆炕上來的怎么到向我个奸拐的罪名 继 那仰氏乃有夫之妇不是你奸拐來的 赵 小道与仰氏做了七八年的夫妻不知他有男人國师爷怎么知道 继 這 赵 你說罢哉 继 本师能知过去未來怎么不知 赵 既是国师爷知道他男人小道却不認得

听見人説賣〻春方藥拐騙〻〻孩子是个不要臉的東西
継　掌嘴　皂在打の十　打完　継　帯下去帯仰氏　皂在帯赵下帯仰
白　仰氏當面　継　仰氏你不与丈夫守志反奔个賊道從實講
来仰　回国师爺的話柴米夫妻有个不知道的么这都是吴
来由出門之後揔不回来撇我在家少吃無穿不叫我嫁人
难道叫我喝西風不成么　継　可知你丈夫幾次差人到蘓州
来尋訪你不着誰叫你私奔賊道到揚州来的　仰　這都是
赵一絃今日勾明日騙故此跟他来的　継　婦人失節覆水难

收扯下去打　皂扯仰廬白仰　吥你不記得賣春　継　胡說帶下去
皂帶仰下　帶赵介　継
赵一拉那仰氏好好在家与他丈夫守志誰
教你奸拐到揚州來的講　赵　小道与仰氏做了七八年的夫妻他
那有男人那有什么男人　継　他丈夫吳東田乃有名的高士你怎
么說他沒有男人　赵　那吳東由小道未見其人但知其名賣
賣春方藥拐拐小孩子後來連臉都不顧開个半掩門子據
小道說只好算个活烏龜活王八怎么算得有名的高士　継
掌嘴　打介　打完　継　講　赵　国师爺再要打我除非叫吳東田这

襍種出來叫他當堂和我要老婆我還要打他一頓罵他一頓

繼　你爲何要罵他　赵　他既掯記他女人爲什么七八年　教我養

活今見憑空向我个奸拐的罪名實在不伏〻〻　繼　這廝奸

拐有夫之婦還敢持强不伏扯下去着實打　皂打死介　氣絶

了　繼　這廝奸淫之极䭾下去　抬赵下　繼　赵一坛已死婦人欺（豈）可独

存照樣的打　皂扯仰仰介　我有兩句话说完了再打不遲　这个囯

师爺不要怪我一人这是兩下裡錯过了你也該想〻七八年

前的事來　繼　自已幹差了事反教别人想念什么前情扯下

去照樣的打 皂扯虛白 仰 噯前後總是一死抖摟了罷 吴末

由就是 継 吓你敢言 仰 你敢動動太太一動 継 掩門 下 仰在場

大鬧虛白皂隸勸苐下

約殺 觀罵後齣 原本扯爛無存當補

桑長哭上

你說糟糕不糟糕把个赵一拉活々打死了待我去告訴

妙玉合他鬧々有理这里是了 妙姑娘々々 到邊上去又叫 誰 桑 是我 妙

原来是桑大叔林相公合我舅々々毋怎么弄了 桑 林相公鎖在公廨裡空房

你舅々方才被國師活々打死了 妙 阿呀舅々吓 桑 妙姑娘想个法

兒把你舅々收殮了才好 妙 桑大叔我是女

兒家会幹什么只好求着你納買棺殮了我舅々再說罷 （桑） 交給我錯

不了 （妙） 我只好捲些個當頭或賣（戒）當隨你納的便就是了 （下 桑） 好你快

死白）阿呀　站着想起来还死不得旧：虽死了林相公还活着有的何不去

尋見了林相公或是替他也使得不然要死：在一处也有名有慶（哭介）

旧毋遭遢不过所以求林相公情愿为妾这时候我到害了他的性命旧

旧又打死了想这種命苦不苦罢还活着做什么罢到不如投河死了罢（欲尋

死白）阿呀　站着想起来还死不得旧：虽死了林相公还活着有的何不去

尋見了林相公或是替他也使得不然要死：在一处也有名有慶（哭介）

他这时候拘禁在公館里我怎么進去呢吖有了等太陽落了我就打

林相公来的去处跳墻進公館去便了（叹）適　我身全草木無分别既死

無名恩計謫代郎君赴法場飡刀血半酬恩補報也（哭介桑上白）買棺

盛殮畢　喜心欢妙姑娘衣服當了十兩銀子事情都結了將你旧上

送在義地叫他们已經埋去了當票收好了（妙）阿呀謝謝你納費心勞駕

改日總謝罷（哭介桑）唉　妙姑娘常言道死的是死活的是活单剩一个人孤

栖不孤栖到不如嫁了我彼此到有个照应（妙）吖他到安着这么个心腸

在那裡么（桑叹）伊单我孑况兼郎才女貌无賽者　姑娘吓　鰥寡配叶

切莫嬌羞紅顏（妙白）那个白説（桑）吓　當先是你親口許我的今日之下

变了白説了么（妙）不是我就筭嫁了你你有什么本事養活我（桑）什么有

什么本事嘿嘿我在国师跟前也算得着这么一个红人了（妙）仗着脑袋算你红人儿臭不香（桑）我靠脑袋红人么（妙）吓你依仗什么（桑）你不用看轻了我我有大本事的（妙）什么本事（桑）哪拍花（妙）什么拍花你也配（桑）什么配我是国师親口傳授咒語还有一道灵符照着孩子这么一拍跟我就走（妙）大人也拍得動么（桑）不要说是大人就是假老老也得跟我走（妙）吖是了我前日个就是他们的人拍我的了吒我问你国师要孩子做什么（桑）當今四十無後命国師採办嬰孩凑成了一百替皇上配了药進上的（妙）阿呀这么说我家兄弟也在其内了（桑）这么個大本事也不怕你不嫁我

（妙）你对我说我不信（桑）这么个说你不信（妙）搭得做给我瞧瞧这才信服你（桑）
有人好试偺们两个人指谁呢（妙）这么罢你教了我罢（桑）那个白说（妙）怎
么了（桑）我好容易学来的这么教你了好自在话（妙）你口说無凭（桑）你知
道我怎么学来的（妙）怎么学的（桑）自己脱了裤子央了他一個难讓他頑
兒句了这才通過腸教你要学也得自己脱了裤子再说（妙）如果真教会了
我了罢了我就嫁你（桑）定了（妙）定了（桑）这么記牢了（妙）听你说（桑）魂聽
我搖魄聽我定七魄三魂俱迷真性畫了符 哪 看了（画）个 畫完了再念
我奉通天教主急急如令勅照着孩子頂心这么一指（妙）吓 那末不得（桑）

他就昏了(妙)怎么就醒了呢(桑)那个容易则要对着他这么一唬就醒了
会不会(妙)那个什么难(桑)既会了末、、我们做夫妻(妙)这个鬼画符哄孩
子末了不中用胡闹(桑)咳你要怎么才信呢(妙)掐一個我看才信(桑)阿呀好
姑娘我实在受不得在這裡了你救救我罢(叹)〔啄木儿〕我慾火炎情怀
熱盼巫山雲巺雨列唯望捨片刻欢娱如愿奢恩情大也(妙曲内白)我
心裡怎么个难受這混賬攮的和我这么攪法(叹)有了就拏他试试法瞧
(桑)好姑娘救了我罢(妙)这么你先脱起衣服末(桑)叹我先脱下衣服末是了、、
(前腔)樂死我了(叹)谁料此日香肌捏今宵便得仝諧悦欢绾个仝心双结一旦相

思尽撤（数曲内白）魂听我摇魄听我定七魄三魂俱达真性（丑介）我奉通天教主急急如令勅（拍桑呆数白）嗄嗄嗄哈哈哈好灵活吓（叹七三段子）看他神痴意呆眼睁睁似泥偶列（白）可恨这樵種糟塌我发面了今日个耗着随他去罢我幹我的正经（阿呀）你瞧这么高墙我怎么上去呢（叹）谋成计绝没点法临高望者凌波窄窄安能越（白）待我桌子板凳叠起来上去试一试（阿呀）险吓嗏那一边一棵大树待我攀住树枝下去便了（叹）潑残生拚飲飡刀血又何思惧軀傷背折（下）（万福上）丧良心去到查司殿送信收殓赵一坛尸首此时天色已晚不见回来吓一定看中了那个了头了此间

不見動靜待我進去 吓 外边不見再到裡边去瞧々 啼 什么意思 以（下小樓）

奇絶目瞪口呆是因何巧变拙（白）吖 是了想是我道中作耍他待我

來吠（桑）噫嘖（万）如何（又桑）阿哟 好了々々（万白）你在此做什么（桑）吓 你来做什么

（万）我若不来不知你幾时才得能醒（桑）阿呀 妙姑娘呢々々 不好了（万）做什

么々々（桑）是了你知我有此々好事你如今帮着姑娘開我的心阻我的道路

么（万）呸我来時何曾看見女子我好意救醒了你到来骯髒于我（桑）吓

算你会幹此道糊塌我今日不依定了（万）不依是怎么樣（又桑）以 我巫山

已上被撇此恨如何罢歇（万白）不罢你要幹什么罢（又桑）和你見国师爺

去哎並非我搭草尋蛇万就見国师爷何妨柔扭万走〻〻仝下

〔幻救〕〔愛玉上叹〕〔醉花陰〕惡毒奸僧禍人腦虎狠心公讐報傷天理把嬰兒陷孽難消論相嘗要剐千刀〔白〕我愛玉自充婢役進了繼曉公館四面都照應得到可喜奸僧大病林相公安然無事不差什么有一個月了但是想不出方法救他出去只愿我們老爺早早兒上本大伏兒的災難可就滿〔叹〕這欲加罪有莫怏恼莫須有三字空挑指日霧散雲消紅日皎〔白〕今日早起听見奸僧坐堂不知怎么問了我且出去打听听瞧〔下〕〔繼上二女隨上〕〔繼白〕咳不如意事常八九可与人言無二三〔咏〕想我繼曉〔歎介〕過來你們多是言老爺挑選綉女么〔二女應〕是的〔繼〕你們將

未進内不是宫嬪定是后妃其福不小各往後面頑耍去（女应下 继）咳想我做人也未常作惡為何一個老婆更如此淫婦更要声張舊事因此含糊而退仔細尋思留之有害且待万福回来我自有处斷（万桑上）走吓〻〻（桑）道中何戲弄（万）反面就無情師爺寛枉吓（继）吓你二人為何如此光景（桑）啟国师爺万福与我是弟兄他不該拏我耍手段拍我的花求国师爺明斷（继）万福如何講（万）啟国师爺他在外边作耗行奸賣俏被那婦人弄得昏迷不醒万扨将他救醒了他倒说我用摇魂法壞了他的好事求国师爺明斷（继）他还是你引荐到此焉有反去戲弄

之理〔万〕国师爷青天〔继〕况且摇魂汤乃是私事你们街坊结扭争论倘漏
机関连我性命不保〔万〕师爷金玉之言〔继〕事関重大难以轻饒俾衙
役将長兴重砍二十〔万〕国师爷長兴其实该打但今日之事与万福争论
而起傍人知道只道小的欺侮了他看万福面上恕他初犯〔继〕呸看你事々
回護着他々却如何这般待你还要与他講什么情〔万〕他継然不好到底
是万福的兄弟还求国师爷开恩〔继〕呸权且記着〔桑〕多谢国师爷
〔继〕饒便饒你我有一事你若办得来将功折罪如有办遲二罪俱罰〔桑〕
国师那怕杀人放火小的都做得来〔继〕如此我就要你去杀人〔桑〕什么杀

人吓（万）不准乱嚷（桑）樂極〻〻殺誰（继）就是赵一垣的妻子（桑吊介）吓他
吓〻（继）这妇人留之有害今夜三更时分将他殺了速〻回话（桑）是了
明白了（继）万福过来有令箭一枝文書一角上方宝劍一口吊林俊交
与傅奉官発到揚州府明早午时将林俊暫首回话（万）得令（继）你
二人听我吩咐（万桑）吓（继）〔画眉序〕二事莫輕瞧一是明誅一暗了秘风声
休漏恐似前次逋逃（下万桑白）曉得（万）你拿我这么行泒造这谣言对我
我到底没有錯待着你打是小事这个臉擱到那里去（桑）吓你这意思
还要知你的情是不是（万）难道我还对你不过（桑）什么东西国师爷要

打只是要打你就求得動情下来了你不要混謗胡鬧了(叹)你系非一片

痴心反对我假言公道(白)还要我見他的情呢可嘆々々(叨々下万)阿吻 天下

人没良心再没有他的了真是喪良心话不虚傳今日可看透了他了

往後真要留他的神才好哩(叹)人心好比江湖險古语由来非漱(下二更)

(愛上白)唉你瞧这么一座瓊花观被这奸僧一住糟塌不像樣兒了(唱)

(喜遷鶯)本是個小蓬莱瓊楼畫閣今做了老僧窩虎穴狼巢

怨氣冲霄(万持令箭文書上白)呔傳奉官兒呢(傳奉官暗上)在(万)

師爺有令犯人一名林俊發到揚州府有令箭文書在此就命言

吉交賫請上方明日午時將林俊斬首來命（下侍）得令（下校尉押林俊繞場下　愛看白）阿呀　唬死我也〻〻　林相公明日就要殺了　阿呀　这總湊手不及怎么好呢（又）眼覌瞧傳呼声暴这的是明日良人赴市曹（白）还好幸發在言吉交手里要明日午时總得動手　叮我且再与言小姐商量怎么救法總〻好　阿呀〻〻　偏〻天又黑了　咦　是不宜遲我得就走（又）急得俺心如鎚搗疾速去向閨中相商机巧要這美郎君性命立保（妙玉曲內上白）阿喲　好高墻吓　咳　也顧不得了（跳下愛白）阿喲　什么東西〻〻（妙）阿呀　我的媽耶　栽死我了（又）（滴溜子）拚身

命〻〻登高墜湫　金振〻〻〻痛楚不小（愛白）吓你是妙玉吓（妙）
唛　怎么的又碰着他在这裡（愛）呃不害燥的你怎么跳起墻来我
問你〻到公館里来做什么（妙）吓你是王府上和我抬損的姐〻你怎么
也在此（愛）我為保護林相公進来一個多月了你進来做什么（妙）唉不
要說起我舅〻今日被継曉當堂打死（又）無辜身亡刑拷舅母諒
不知孤身無靠（白）我只好死了（哭介）（愛）吓你既要尋死家裡难道死
不得要死在这裡来你这话只好哄孩子哄我是哄不信的（妙）好姐〻
我实不相瞞林相公真是我害他的要想救他無法想（又）情愿

代彼捐軀黃泉含笑（愛白）吓，你方才跳墻过来思量尋着了林相公替他代死（妙）無倚無靠我前後總是一死（愛）附耳过来〻遲了（妙）这是怎么说（愛）林相公已發到揚州府去了再告訴你罷（妙）怎么羕（愛）明日午时就要殺了（妙）阿呀（愛）怎么（妙）可怖死我了〻唉天地命〻那有这么個巧我進来趕死都趕不着阿呀我好苦命吓（哭介愛）這纔是貓哭耗子真是一團的假慈悲（妙叹）〔刮地風〕哎呀这其间代死心腸志量高又誰知空自投遞（愛白）瞧他这羕子着急既那么说（接叹）你慢騰〻遲至今朝到枉徒然空

費辛勞（妙白）我今日不得旧旧的凶信我一个人还耗在家裡那裡
想得到着替死的念頭（愛吖）你真心实意愿替林相公死么（妙
説假話也筭不得人（愛）既如此随我来（妙吖）那里去（愛）替死么（妙）那
里去死呢（愛）跟我去見了言小姐商量定了主意該怎么个死就
死得停当了（妙吓）那个什么言小姐（愛）就是林相公的大夫人如玉小
姐（叹）他老爺親刺史掌刑曾他判東床赴雲陽法窖因此去
感蘋蘩兩处只焦（妙白）我正要請问姐姐尊姓大名与林相公什么
称呼（愛吖）我姓栢叫愛玉（叹）乃王夫人義女兒亦林生偏妻小（妙白）

吖你是王夫人的義女又是林相公的偏房怪不道前日个摔碎了八十六個醋壜子笑我不懂眼兒我的不是（愛）今日瞧你的形像真情愿意代死么（娘）一点不假（愛）这么说咱们两个不是冤家了（娘）但事不宜遲替死要紧（愛）如此跟我走（全又）把前非一槩多休道（繼曉内白）掌灯（娘）阿呀不好了多少人来了那里躲一躲才好（愛）唉慌什么你揽不用言語依我答应（又）俺自有護身符言府言包（二秀）

（三更）

女掌灯引繼曉上（叹）〔滴々金〕連朝心疾心中恼今日殲除愁盡掃（白）遮々掩々是什么人（愛）是言府女婢在嬰兒房伺候的（繼）上前来

（二人立介继）阿呀妙吓，好两个女子，拣选来的这些秀女，怎及得他们多少，名数在此（爱）二十名（继）年少有几名（爱）年轻的只有咱们两（继）啥～。言吉交，你好受用也吓，你们两个女子多随我来（又）多时寂寞孤愇情，今喜遇佳人俏（白）吩咐准备夜筵伺候，你们回避，唤你们总来（二女应下）妙扯（爱）吓，姐姐你好糊涂吓，咱们杀身大事在身，怎么跟了他来，我走了（爱）如此在门外说话来吓，不用害怕，我看你只会干偷偷汉子的勾当，何曾干得大事（勉）什么说话，他是什么东西，咱们怎么去亲近他呢（爱）吓，这才是好机会，救林相公正在这个当儿里。

难遇見的随我来〻（妙）站着你把他怎么樣（爱）不要管跟我行事

就是了師爺我們这里見礼了（继）哈〻〻罢了〻〻你們不用害怕（爱）我

們更不怕（继）好你叫什么（爱）我姓巫叫長姐（继）呀〻〻姓巫叫長姐身材

窈窕（爱）巫長姐就是我他姓崔從小兒得了驚風死去的了後来

原活了轉来〻算実有命所以叫命姐（继）阿呦你叫巫長他叫崔命呀

本师到偏不怕死看活过来〻（三）現成了（继）哈〻阿呀妙〻（又）今宵極樂

寬家除尽真奇妙天賜美女暢飲通宵（白）你們既承值言老卩

自然有些技藝的了（爱）他是才到这里甚么兒不会（继）你呢（爱）我

有一点小頑意兒会彈〻又会唱〻清曲（継）唸〻〻甚好如此巫長唱
曲崔命脩酒（愛）是了我这里献醜了（又）【四门子】奏清商一曲句魂
調〻〻〻〻〻〻〻〻〻遏行雲豈自高唱長歌當哭难欢笑送喪車
出北郊慘悽然兩泪相拋奉伊家預卜為先兆悪貫滿盈罪
梟首市曹 呼今日个善為預祷（妙曲内白）唉 那里有这些工夫我有
道理（画念拍継呆爱白）唉〻妹子这是什么方法（妙）是他们全行
的人教我的（爱）怎么可繞醒（妙）除非大〻（唬他）兒这么一跳这才能句醒不
然一輩子那么个樣兒（爱）吓再想不到你有这个妙法兒这也难得

（以）鮑老倌〔 〕咒術可高百發百中無二曉作法自迷真奇妙（妙）姐〻你將何計排何謀使何物盜我求速死將郎君放（愛白）你到這么愿意死么（妙）並不是要緊死你雖什么時候了倘再遲一会如何能救林相公（愛）我看你与林相公不過是露水夫妻不信這么恩深義重么（妙）哎呀阿弥陀佛這話罪過也不怕我是為愛不起佃毋夠若了殺以求林相公提出火坑一共只会得兩面若有私情天打雷霹（叹）無非以德報德莫錯認淫邪料（愛白）既知此也不用替死了（又）〔水仙子〕呀〻〻机会到（妙接）呀〻〻机会凑巧到（愛接）喜〻〻喜

得了妙计從心手段高（妙白）姐〻寫的是什么呢（愛）你看了就明白了（又）做〻做一个诡秘陰謀寫〻〻寫一幅無名文表（妙白）黄表奏与谁呢（愛）站着你摠不用言语跟我来這里是我多模熟了待我取令箭好行事我也是才子来的你瞧着（哎嗽）㖞〻（妙）做什么（愛）你听了外堂傳奉官听令（傳奉官上白）来了傳奉官伺候（愛）师爷方才發出林俊命揚州府明日午时处斬查得言吉交係林俊的内父公敢行剌謊必全謀吓〻〻將林俊停刑揚州府摘去印信一併解往清江面圣不許停留时刻這是表章這是令箭快去（傳）得令（下）

(愛看繼曉白)哈〻好戲〻〻(妙)林相公停刑我懂得摘揚州府的印這是什么意思(愛)你不曉得言吉交是我們正夫人的父亲他这时候入在繼曉一黨將來難免逃罪(嘆)約〻〻約設个換日偷天奇计迢好〻〻好叫他安然直上無常道(妙白)姐〻你納这么一辦我竟不用去替林相公死的了(愛)非但不消你替死算你皮条拉着了挑了你坐了林家弟三个位兒罷(嘆)為〻〻為婢娼肯代死心腸好故〻〻故把这探花位的次家作瓊瑤報(妙白)這么說姐〻是我重生父母了等我來拜謝了再說(愛)呀这个當兒

裡用不着虛礼此时你身無住处全栽到王府去住罢（姐）但凴姐ゝ
（爱）呀不好他醒來必要到嬰兒房中去尋（查）找又要害別人待我
留下兩句詩在桌上（妆更）教他說不出的苦來（叹）始ゝゝ始是俺制
奸僧的手段高（白）跟我走（妹）是（各）走ゝゝ（全下）（二秀女上）酒闌人靜久
四鼓振耳聞国師还未安寢正吃得高興哩（二）我們再去看ゝ（二）吓方纔
二女那里去了（二）国师為何不言不語上前看來吓国师ゝゝ（冇呀）這是
什么意思不好了我們快去叫万揔管來万揔管快來（万福喻軒上白）
吓ゝゝ半夜三更為何还不睡（二女）国师不知為何（目瞪口呆）不言不語了（万）待

我去看来国师〻〻（向呀）这光景与丧良心是一羕你们回避（二女应下万）
待我来国师呵〻〻吠（继嚏噴万）好了〻〻（继）吓你是万福吓为何来到
此处（向呀）巫崔二女呢（万）方才秀女張慌出来报说国师目瞪口呆呀
以进来国师果然沉迷不醒（继）不要管速到嬰兒房唤巫崔
二女来見我（万应下继）吓桌上的字誰写的待我看来継曉毒盈
宇宙劍仙来取禿首（驚介）示警要尔改過執迷必誅無赦
（向唱）（以）（双声子）詞明表〻〻先示警兒　詩言了〻〻如迷執
施鋒鍔（万上白）啟国师爺嬰房中查遍並無巫崔二女（继）唉还迷尋

什么巫崔二女你来看嗟唬死我也（万）哎呀这等看起来是剑仙了特地前来要我国师爷的脑袋（继）不必提了使我毛骨悚然了（万）請師爺將息身子要緊（继叹）飄緲但從今身藏密室要避仙刀（白）喝唷唬死我也（扶下）

十全福六本目録

假歸　釋嬰
淫逃　恤寃剖贓
僞停　福圓
察情
閧觀

假歸（四軍牢二旂牌生王恕病裝乘車上 以 瑣窗寒）一趁隨机謀畧須臾分派安危將國賊誅，中風暗設為救合閭，密奏除奸非兒為慮，候聖旨如何見諭。（白）下官王恕平寇班師，不料中途接着家書外有手摺一本，乃言吉交之女出首嬰兒花名一冊，如今繼曉駐扎揚州，着知府搜括秀女，私養竊賊，拐騙嬰兒。我孩兒馨郎亦遭此難。殲滅妖僧在此一舉，為此假作中風，連夜飛章達奏，進表辭官，備述失子之由，暗叙隱言，感動君心，倘能聖明感悟，萬民之幸也。（作病軀潦倒）故為愚，辭官且返門閭。（末白）老爺回府。（老院子

暗上白　卸下（末下院）老爺已來了老奴叩頭（生）夫人在那裡（院）夫人思念小公
子哭得双眼昏花飲食俱廢（生）如此快扶我進去（院）是老爺回府（末
子孫）夫人出書（旦夫人上）阿呀我那馨郎兒又（前腔）好孩兒膝下歡娛戲
彩擺斑衣日夜趋（生白）夫人（接唱）奇災異臨何只為惧（旦）相公吓（接唱）这飛來
禍患休將小覷父和兒災禍双來（生白）夫人何故哭得双眼昏花（旦）妾
身自失馨郎只得飛報軍前後聞相公得了此信中風不語叫妾身怎
不傷心慘目（唱合頭）病軀痊痾慰趦趄辞家且返门閭（生白）唅唅我那
裡有什么病來我見夫人書中与言女花名上寫着继曉採生馨

郎被拐我若連冊奏聞必累言女拋頭露面倘若彈劾繼曉聖心道

我挾私妄奏決然不信故此假作中風連夜上表辭官備述失子之

由暗藏私密隱語必定感動聖心也下官何曾有病（旦）吖原來如此阿呀

謝天謝地相公良謀不怕奸儈不受首市曹也（生）二娘愛玉為何不見

（旦）這個么又有一段奇文裡面細談罷（生）夫人請（旦）相公請（全唄合頭）病軀

潦倒故為愚辭官且返門閭（全下）

淫迯〔二更仰氏上白〕

唉我好苦命嘎〔唱〕〔皂羅袍〕自歎紅顏薄命，恨兩夫一樣俱是無情〔白〕我為趙一壇曾得利害一心向着吳來由，昨日當堂杖死了趙一壇 阿 誰料這賊秃原不肯認我竟要拏定主意打起我来了我也拏定主意把他舊事當堂喊破他也慌了唉如今鎖禁在此孤孤悽悽怎么好看他的意思未必肯饒我罢〔叹〕為人莫作婦人身隨夫牽制無迯遁〔三更桑長興上白〕光頭起殺心叫我来殺人起了殺人形就有殺人聲〔踢門進〕殺殺〔仰〕阿呀半夜三更你是何人敢来殺我〔桑〕殺定了〔仰〕為什么要来殺我〔桑〕殺了少不得就明白了殺殺〔仰〕吓你是桑良心吓（桑）是丧良心怎么樣（仰）好的你当初在瘟司殿做香火时節我是怎么個待你今日之下到來殺起我來了（桑）呸我要殺你么我是奉了国师之命前来殺你的殘生（仰）阿呀我的桑大爺無來由没良心罢了你納瞧平日恩情面上饒了我罢（桑）你是白說（仰）我与他恩情義重嫁夫隨夫今日他荣華富貴到要殺我（桑）呀呸我是奉公差遣你望着我苦磨我到請教你我饒了你我拏什么去回報呢（仰）以（前腔）此差須口為証凴你釋放將何為凴（白）殺：：（仰）阿呀丧良心你今听了這没良心禿賊的話是要殺定了我了（桑）我不殺你我

怎么回報（仰）唉罷想我仰氏爲人一世也記不起救了人家多少的
急今日之下原喪于情人之手（又）偷寒送暖在衾枕今日反面恩
情盡（桑白）事不宜遲前後總是一刀說也是白說殺〻〻（仰哭白）罷
了說不得伸得長〻兒的脖子給你殺罷（桑）殺〻〻（看仰面介）阿呀、
我的肉蛋宝貝我下得手么但是放了你我也站不住了（又）若將伊放难
言自身若殺了恩情喪盟思量進退心如焚（仰白）依着我一点也不难
吴来由待我尚然如此这宗（種）無情義的人你就跟他一輩子久後也是
受他的害趁这當兒偺們兩迯往他州外郡好圖下半輩子過活

好不好（四更仰叹）【月上海棠】莫説旧日情死恩義言难尽撇驢前馬後經紀營生（桑白）你那説話一点也不错瞧他待你尚且如此偺們筭什么他方才為一点小事就要打我 唉 就在此搃不高但是偺們搃得言明在先你此时要活命自己情愿跟着（拉住）我外逃走往後怀悔是我不依你的（仰）什么话你是我救命恩人况且权是我情愿嫁你的嗻（叹）这才是患难夫妻岂他人別情一論（桑白）那就是了我还趱着幾两银子在那里等我去拏来就走（仰）快去快来吓（桑叹）忘根本但取枕畔朱提撇下收到良朋（下仰）吓 再不道吴东囬使这么毒心待我唉

吴来由不揣有一日我吽你说不出口来（以）（前腔）心忒狠全亡旧日夫妻分
这冤仇紧記刻骨銘心（桑上）哈哈（五更以）刀頭下死結姻盟路兒中
再整合巹（仰白）来了么那里来这么一大包銀子（桑）哈哈万恶这囚
攮的和尚吽他去了这是他壞了一辈子良心趲下的賍銀我不
拏是我的罪過（仰）五更多天了快快走罢（又桑）大門上有護衛守
着有一頭便門在此你跟我来（全以）全心奔今夜双双名正和鳴（全下）
（绝更万初急上）不好了（以）（六么令）奸人逃遁無情無義共返私行（白）我
方才為因国师有事躭擱許久回到房中不想我（枕边）殺頭失去了我

一些子若趲下的私房我想必是喪良心竊取為此趕到寨室尋他阿呀不想連黑牡丹也不見了為此忙來報與国师知道国师有請（繼上叹）劍仙留詩我心驚意急々心慌々（白）万福為何如此慌張（万）万福該死（繼）什么事情起來講（万）万祁方才在此伺候国师說話詳察詩句回到房中不想槐边失去銀子一包即忙趕到寨室门兒在大開原來御氏全桑長與多逃走了（繼）吓桑長與盜你銀子拐了御氏走了（万）万祁該死（繼）咻好喪心賊子那御氏是要紧人犯這贼子如何共挈私逃諒他去不远就命你趕上前去若追得轉來便罷（万）追不轉

呢（繼）若無二人回轉、咻、指棺木未見我（万）吓、（繼）快去快來、吓、吟〻可惱、

吓可惱、（下万丢白）阿呀嚇死我也〻〻、阿嗐、果然好个喪良心思將伲

報料、他必出東関、急〻趕上前去、（又）兩程並作一程奔〻〻（白）走〻〻（下）

僞停（言吉交上白）唉事有不如心未必非天定下官言吉交一生毛病只喜趨炎附勢眼前風光近日為貪巡撫高親贅了王家女婿不道王恕得了失子之信忽然中風不語前日辞官来家一点威風都没得了吓我幾次差人去探病也不見説好連女婿也不回来了　吔我心裡正在快悔昨日二更天国师発下文書欽犯一名林俊上方宝劍一口今日午时斬首回覆　唉　想起先前若不退婚今日他犯罪當刑就在我手裡監斬我這臉面　哈哈　擱到拉塊去奢回念思想到快活起来了　正是勢利存心終不足貴賤相形意始平

吩咐開門（院子暗上）吹 吩咐開門（下 吹打四劊子四小軍言吉交上 以）〈玉芙蓉〉

生 排羅列威 活現無常厲 送書生鬼門關上身歸（四營兵二傳奉

官城守押小生上 末白）犯人進 犯人當面（言）吓 林先生你乃文章魁首恩

錫刑曾原不該得罪国师 罪遭遐罷斥 归田也就罷了 嗐 你如何又去

行刺國師 這吽做自投羅網 与我言吉交無干 今日殺了你 下次不可

打開刑具（末）領鈞旨 犯人當堂開刑具（言白）劊子手洗剥了 与我紧紧綁

起來（末老綁介 完小生）皇天吓：、不想我林俊終喪妖僧之手 唏 真羞死我

也（以）天公善惡無分曉 怨氣冲霄華嶽 齊（言白）就煩貴戚賫請

上方帶領兵丁好生保護（城）得令（言）就此押赴法場去者（衆應）得令

（仝以）書生指輩不知見機似這等臨頭禍到誰怜伊（下　羅校尉二傳奉官捧

表章仝令箭上白）走吓（仝以）（前腔）鈞令敢延遲驟馬加鞭滑救書生免

赴飡刀零利表文軍令非兒戲頃刻生死在手持（抽頭下言衆上叹合前）

书生輩不知見机似这等臨頭村到誰怜伊（衆白）午时了（言）吩咐開刀

（衆應內衆）刀下留人（傳奉衆上白）師爺有令（言）言吉交既係林俊内父行刺一

事必与仝謀將林俊停刑言吉交摘去揚如府印信一併解往清江

御前勘问定奪吩咐放了鄉（衆應放介言白）咦这是那裡説起（傳）將

言吉文剥去冠帶（衆剥介言）阿呀，傳奉老爷，我与林俊退婚已久，小女已嫁王巡按之子的了，我与林俊夙馬無関，国师听了奢一个坏種的话，無辜坐罪下官，怎干说奢？（叹介）翁婿婚姻已久，嗇不是翁和婿，有谁人冤陷，伲口搬非。（傳白）昨晚师爷傳谕我们，那管离婚不离婚，一仝上了刑具。寅翁（二）寅翁（二）你同城守速到府衙摘了印信，请田上方交令，我们押此二犯清江去也。（二）领命，如此我往揚州府内摘印去。（衆）走吓。（下）（傳白）师爷面谕，速速起行。（言）傳奉老爷，国师虽然嘱咐，自古道瞞上不瞞下。（附耳）下官自然有个意思，再不有悮时刻。（叹）尋思枉自輕营，費却把黄金買罪

归（僧白）唉欽限甚紧谁敢狥私停留（言）呆吁吁这个意思还得講个
價錢呢这个若能屈駕舍下一遊奉送二百兩銀子（付）如此坐坐就行的
（作可对林先說一声式言）这个林先生屈駕舍下一坐就行（小生）我是有罪之人
而無罪汝是有功之人而無功此时返累全行奈何（言）如今奉陪
了吓患难同行（付）吓林先生我们大家稍停片刻就行（小生）貴差奉命就
請全行（言）好吓（全込）無情義轉眼相欺須信道刁頑惡毒且是禿頭
皮（全下）

察情閧觀（范邦年　杜寵引生成化上生叹）（粉蝶兒）微服私行因甚么

微服私行為高僧人言無行都是科第中人溷闍黎欺方外進封章俱皆不信（白）朕因王恕參劾繼曉採生炙割故尔微服私行、親往揚州察、訪虛實、（杜）御駕捨舟登陸為、訪高僧、倘繼曉果有傷天害理之情、如之奈何、（范）此僧享陛下無边爵祿、焉敢行此無理之事、此必是僞人妬忌耳、（生）卿言是也、前面已是揚州城了、快、趲行前去（二）領旨、（生叹）察奸情惡跡俱真剮千刀萬剮何另

（杜白）馬來、（仝下乘百姓尋男女上白）尋人吓、人家養兒如珍寶、一旦遭人

拐去了家：哭得如雷震尋遍街頭沒處找口討（一淨）列位都是尋兒的么（旦）正是（末）我因六十無兒遠房過繼一子纔得八歲放學回來却被拐子騙去了（又一人）我家三房共一個孩兒年方九歲在門前頑兒轉眼之間就被惡賊拐去了可恨不可恨（外）老漢今年七十歲賤誕之辰女婿出外營生小女領了八歲外甥回家拜寿住了一夜昨日清晨就把外甥不見了小女急出病來老漢無奈故尔自己出來尋找（淨）你們大爺們為自己兒女不見了着急受些也罷了我纔是冤呢（末）你却不見了什么人（淨）我是開鞋襪鋪在欽関门外有个徒弟今年十二歲門

口買菜也被拐子騙去了他父母說是我謀死了可打得我舖子希糊腦子爛說我还他們孩子便罢(末)沒有呢(净)說告狀不中用竟要把我家祖坟要掘了起來這纔寬不寬(末)真是可恨(外)列位吓可怜揚州竟出了这一班拐匪失去兒女的何止万家此番若遇不着这拐子就罢倘遇着了打成肉醬也难出胸中悪氣(老)是的(净)我們大家分頭尋去(末)有理(唸)谁家收留一个孩子六岁了收留着謝銀十両报信的謝艮二両(各叫尋下 桑急上)快些走(仰上)阿呀你們扶着我(叹)

(道蔚僧)籠鳥得飛騰撇下無情禿僧挈行他郡双双偕老收成

（仰白）阿唷走不動了（桑）呸這裡是要緊地方你到坐下了么（仰）實在一步不能走了吓（桑）我的太〻倘後边有人追来双〻都是一個死呢（仰）要走除非你背着我走罢（桑）唉講不来只好背着你走罢（全叹）逃生叛主路途中豈可相停頓（万福内）喪良心那裡走（桑仰下万上接叹）赶行人遠观前行要脱难急速追擒（白）前面正是他們兩快赶〻〻（急下）

（帝二人上生）妙吓（叹）〔石榴花〕香噴〻秋風桂子氣氤氳韻悠〻樓頭鼓吹更調箏真個是花攢錦簇廣陵城家歌户唱点綴昇平（尋兜乘人兩边上尋咩下生叹）呀凭看那不見兜人〻〻〻〻快急奔

（又男女尋兒吁下 杜白）為何尋兒的如此之衆也（生連叹）紛紛結續街衢何盛（范白）尋覓兒女者接續路途是有蹺蹊（生白）如此光景王怨之言信非謬矣（三）便是（生）咻（叹）堪恨這要奸僧了、、、、、傷殘赤子心何忍（杜白）一路傳說繼曉公藏在瓊花觀中請聖駕趕進城去探知虛實（生）有理（合叹）須索要一經探明（下桑駝仰上白）快快趕出關去就得生了（万喊）呔那裡走（急上桑歇住介）點着你来趕我是什么意思罷（仰）你来趕我們想什么罷（万）呔喪良心你本要飯花子如今豐衣足食你怎么到来害我（桑）呸你開口要飯閉口要飯筭你引荐進府也不見怎的不句交過太爺走了怎么樣(万)你既要走各人走罢了怎么我的銀子你偷了去这个还丢过一边这婦人是要紧人犯你揚了逃走了么(仰)呸什么要紧人犯我犯了什么罪(桑)筭我担了这点小錯了(万)国師着落在我身上請你們二位回去(仰)回去不能(桑)要我们回去筭你就不句朋友了(万)怎么才句朋友呢(桑)只要一句话就句朋友了(万)說出来(桑)追不着(仰)好吓我不着就结了(万)呸你们都在夢裡国師吩咐追不着叫我抬棺木去見他(又)(旦颜回)伊家轉眼就忘恩怎好挽留情分(仰白)这怎么好(桑)不怕有我(万)你们跟我回去不回去

（桑）不回去定了、（万）呔、打桑扭住）今日不是你死就是我死了、（以 從今割断休提昔日私情（曲内尋兒女人上叫尋介 桑白）大拐子拿住在這裡了、（乘叨）这就是打拐子么打这厮々々（打介万急介）呔我乃国师府中揔管奉命追拏逃奴女犯已被擒住他情極乱喊（乘）百姓休管闲事、（乘白）原来是国师拏人我们休惹事非、（桑）列位不要听他拐子頭兒就是国师他就是国师的包里人、不見的嬰兒都是他騙去的、你们打出乱兒来看我、（乘）真的么（桑）俟曾打就是了、（乘）打拐子々々、（万）站着你们说我是拐子什么凭兒拠你们是好百姓听了他的话闹出乱兒来、不与我相干（桑）列

位不信楊去的孩子都藏在国师公衙里顺你们搜去如何（衆）此事非
同小可你不要戲言吓（衆）孫子王八蛋才哄你们有我領頭你们合齐了
丢孩子的百姓打進公館包管都有孩子照面（万）咗喪心賊子国
师養虎傷身也（衆）听这口氣是真的了賊子还要嘴硬將他綁
了一路吽喊失子人家協全前去搜取莫說千人萬人多有（衆）如此
大夥跟我走（衆）快走（全以）闻言喜欢正多时失子心煩悶合齐了大
闹官衙雲霎时间霧集雲騰（全下 帝三人上生）呀（闹鵪鶉）滿街衢
猪：（闹）蹌：……耳边厢閧雷声振（内白）衆御民听者我们途

中獲着拐子係国师羽翼所窃嬰兒尽藏匿公館亿有全难失
子之家一齊都往瓊花观去搜取我们大家都去咔走丶丶（生）荷呀你听
更百姓詃继曉奸謀敗矣杜宏（杜宏生）朕与范卿混入百姓隊里先
到瓊花观汝可宣諭揚州府協全城守帯領官軍擒拏继曉便
了（杜）領旨（下生）咔（又）恨殺那大詐如忠丶丶丶丶丶肆鴟鴞惶鷔駭
信悔殺俺隋術痴迷不自明屈殺了無限大忠臣（又桑御百姓全上仝以）
巧相逢悪跡明彰丶丶丶丶丶拏雲捉影（末）快走丶丶（看下生）
范混下四校尉傳奉官押小生言吉交上仝以（千秋歲）恨难平不測光頭性

喜与怒反覆無凴(衆軍引杜冠上杜白)吓原來是林先生(小生言)呀原來是杜公公領兵何往(杜)奉旨往揚州府傳諭不想衛門封鎖親往城守衛門調齊兵馬擒拏繼曉你二人犯了何罪这么光景(小生)繼曉恨我彈劾私仇陰謀以大逆惡奴遂陷我大辟之罪(杜)有这等事言先生繼曉保奉署着揚州府事爲何也犯起罪來(言)一發不要說起昨日繼曉奏請上方命我監斬林先生正要行刑不想此公奉令前來道我与林俊仝謀拘拏解往清江上表面圣(杜)如此表章呢(俊)表章在此(杜)取來我看吓吓原來如此你們如今不必往清江去了(三人)爲何(杜)

万岁爷呵(以)微服私行、、、、関前見閧動滿城百姓俱言道继曉狠
害嬰兒藏密隱(小生)吖继曉採生之惡敗露了(杜)正是万岁爷全着保
駕大將軍混在庶民之内先到瓊花觀去了命咱宣諭揚州府命城守
帶領役兵擒拏继曉(小生)阿呀、、好了天開眼了、、、、(言)不好了真鬧出事
来了(傳奉官)我們溜了罷(校尉傳進下杜)如今有你二人見駕继曉又添上
兩重罪案了(言)公、晚生此去見駕禍福難保全仗公、曲庇週全
(跪介杜)罷了、、咱家自然照應你就是了(言)多謝公、(杜城守)乘
將官速往瓊花觀去者(乘衣合以)何必直憂共驚這的是氷山消

十全福

化旭日高升

釋嬰（傳奉官捧上方劍一捧令箭懷印上白）走嗄。上方太守印來覈訴。師尊。

國師有請。（繼上白）有事關心：驚戰劍〔何來〕儋：指引。（傳）啟國師爺。小官等

奉命將林俊押到揚州府。着言吉交監斬方總正到法場。剛要處斬。

又看国师鈞旨令箭到來。將林俊停刑。揚州府摘取印信一併解往清

江面聖。請回上方。摘取印信前來覆命。（繼）吓。這是誰的鈞旨。（傳奉）傳

奉官現請着国师的令箭出來、（繼）叨。有這等事。且將印信取來。上方

供奉待我查出再處。你們迴避。（傳下）繼哎呀不好了。一定又是劍仙壞我

的事了。（四校尉傳奉官上白）走吓。啟国师爺。不好了。（繼）又有何事。（傳）小官奉

命賚本解林俊言吉交到清江請旨方才到関前不道遇見杜公公
引去見駕特来回覆（继）可又有這等事取本来我看（傳）已被杜公公
拏去了（继）放屁林俊我命言吉交處斬何嘗命你賚什么本幾曾
吽你押解林俊言吉交往清江請回什么上方（傳）昨晚四更时分有兩位
美女說奉国师傳諭道言吉交係林俊内父公館行刺必与仝謀請
回上方林俊傳刑一同言吉交並送清江請旨还有本章仝罰与我
等国师爺难道都忘了（继）这此些话是我親口說的（傳）是兩位女子
傳諭出来的（继）如此說林俊不曾處斬（傳）不曾處斬（继）吥吥阿呀罢

了〻〻（傳）国师甦醒（继）哈〻〻氣死我也迴避了（傳在下继）阿呀我相心

这兩個劍仙与我是什么寃家（仇）戲弄我怎么救回林俊拏向言文

还具一本不知所寫何事此番面聖去了如何是好（内有賊）一齊打進

去（二傳奉官上）阿呀國師爺又不好了（继）吓又是什么事情（傳）外面幾

千失子的百姓綁着萬揔管桑長與到引導打進來了（继）吓欽差

公所百姓焉敢無礼如屬造反也与我傳集武士守住门墻擒拏

回话（衆）得令（下百姓上）來此已是公館我們打將進去（校尉上）吠衆百姓

何故在此喧嚷（衆）我等都是本处百姓家〻失去小兒賊頭已经拏在

此嬰兒都藏在国师公館各家父母都来搜取（校）尔等难道不知王法的么欽差公务焉有藏匿嬰兒道理若不速退乱棍活ㄟ打死（衆）吓賊頭現在还要倚勢欺人大家齊心打進去（渾打百姓乱竄迯下帝范上生白）范鄉快ㄟ救衣（范）呔衆百姓休慌俺来也（接打衆軍兵上城守白）衆軍听者圣駕亦在百姓隊里我等快ㄟ救衣（衆衣范敗上城守接打衆校尉下继儔上继）唉这便怎么处（以）（撲灯蛾犯）誰料養虎害自身家奴叛主反遭困（校尉上白）啓牙国师爺不好了官軍已到我等攔攪不住衆百姓都已擁進来了（内喊）打進内堂去（继）啓牙事已急了你们保護嬰

兜房、待我出去合他們便了、（校衣下繼）尔等請了上方、隨我出来、（傳衣請劍繼以）这其間掘無计使須索親臨敵境也（上椅衆百姓仰氏桑長與上白）来此已是内堂、進去就是睭安兜房了、（衆）我們打進去、（繼）唗、何處賊寇、敢入欽差公所、与我拏下、（校暗上衣衆百姓白）誰是賊寇、我們都是本地良民、（繼）既是良民、敢行造反、难道没有王法的么、（衆）為你没有了王法、拐騙赤子採生、炙割、所以特来搜取、（繼）採生炙割、有何為证、（桑）我就是証據、（繼）唗、叛主喪心、逃奴、將上方与我斬乞报来、（傳衣衆軍城守范帝上生白）唗、繼曉休得無礼、朕躬在此、（傳奉校尉逃下繼白）阿呀、原来聖駕来了、（下椅）

恕臣僧接駕來遲愿吾皇万岁〻〻万〻歲（末）嗅原來皇帝也在此（各跪生）衆百姓继晓採生炙割何由访得其实聚衆如此（桑）万岁爷是小人桑長興出首的（生）吓你是何等樣人能知继曉恶跡從实講來（桑）小人是揚州人投入继曉公廨伏役教会小人拐騙嬰兒前日要小人去殺他老婆（生）吓继晓有妻子么（桑）哪这个就是他的结髮妻子（生）婦人过來（仰）有（生）你是继晓的妻子么（仰）正是小婦人仰氏继晓俗家姓吳來由与小婦人是從幼结髮夫妻（生）他俗家作何生理（仰）賣〻春藥拐騙〻〻孩子地方官利害逃出江湖不知怎么出了家

到做了国师小妇人特地来找他指望夫妻重会他不認我也罢了反遣桑長與前来殺我所以小婦人仝桑長與逃走的（生）吖原来継曉出身本係拐騙因此仍蹈前轍可恼〻〻（継）阿呀陛下吓这都是逃奴仳口望圣上鑒察（生）不須强辯虚实就在眼前桑長與引道衆百姓到後房覷看取嬰兒去者（衆）領旨（桑領走）此處就是嬰女房（生）与朕打開（众軍民打進众孩奔出）阿呀放我們回去（众百姓）我孩兒在此（众孩）阿呀公〻爸〻吓各哭介（生）呀（又）一望里孩童遍室尽都是髫齡好羣嬰（又桑白）萬歲爺这是嬰女房还有秀女都在後面（生）喚过来

(衆)領旨。(衆女上)來了。(衆)萬歲在此。(衆女)万岁爷救命吓。(生)城守过來，將秀女發在你衙門，待等各家父母認准，照單領回便了。(城守)領旨。(引衆女下)(生)衆嬰兒且進去，少頃放你們回去。(衆孩下)(生)衆百姓外面等候。(又)少頃把父兒認楚，早回家，一門重聚笑顔欣。(衆百姓白)願吾皇万岁、万、万岁。(衆下)(生)継曉，朕命你採秀江南，却反傷赤子，是何意見，明白奏來。(継)臣當日先已奏過明，青童髓出在江南，必須生採，故尔遍覓嬰兒，劈腦方能成就固元丹，以貢上用，望陛下詳察。(生)唗，賊禿，汝奏藥物名青童髓，何曾言明小兒腦？賊禿騙吓，你蒙蔽君王於不義今當万死有何辞（继）阿牙陛下小（旦）越恁好〻臣僧赤胆〻〻〻稟秉一意只忠君採生益壽豈罪悪与他並（杜罡林俊言吉交上白）雪嚥田園能几日雲務漫天地有多时臣林俊杜罡言吉交見駕恩吾皇万歲（杜）啟万歲奴婢奉旨去宣諭楊婀府不想衛門封鎖奴婢因此親往城守衛门宣諭領兵行至中途正遇继晓差人押送此二人要往清江請旨現有表文呈上（生）取（杜）領旨（生看介）继曉挾仇誣陷林俊並欲將言吉交一全置于死地唏可恨賊心何故毒至如此（继）陛下若論林俊实係行刺入臣館舍刹殺死家人

祈凶前〔丑〕非誣陷嗟(小生)阿呀陛下吓繼曉佬扶遣悪奴等候途中遇臣
拉回館舍謀害附近居民俱皆目覩望吾皇俯察(御)万岁了繼
曉遣人拏林俊小妇人在門口都是眼見的(小生)陛下哪那日此
婦却好在傍都是目擊的繼曉竟有何言(繼)就算和尚拉你來
的你因何謀杀和尚难道不怕償命(小生)阿呀陛下吓那日和尚
拉小臣到一空房拔刀就杀幸虧有一大将和尚咬死小臣才得脱
离虎穴求陛下俯察(生)這奏章乃没影虛詞敢行奏牘却不可
笑(擲本繼)阿呀陛下吓若說此本並非臣僧上呈乃是有人戲美臣

僧所致望陛下鑒原（生）呸却是何人戲弄你誰人代奏的（杜）這個（生）講（杜）阿呀（以）这其中事理、、、、口難言訴不出仙子降臨待言之不能、、、、搃之命乖祿享尽沒與共行（内白）快、还我們孩子來（生）呸何事喧嚷（杜）啟万歲了失子百姓齊集外廂等候領回孩子因萬歲爺在內不敢呈奏故爾喧嚷（生）喚眾孩子出來（杜）領旨

呔 眾孩子都出來（眾孩子仝上）阿呀、、好了、、如今是要回去了（杜）見了万歲（眾孩）是万歲了（生）哈、、領出大堂教百姓認明放回（杜）領旨來、、跟我來（眾孩）好快活、、（馨郎）吓林表兄、、（小生）吓原來是表弟在此阿

呀〻〻受驚了（聲）阿呀表兄吓（哭）遭人騙入穽坑料不保殘生命难
道是親人覿面欣〻喜增（桑曲内白）不好了寃家都照了面了溜
了罢（下小生）吓表弟快来見駕（聲）是小民乃王恕之子王承裕見駕愿
吾皇万岁〻〻万〻岁（生）吓这就是王恕之子么（小生）正是（生）哈〻妙吓真
乃佳兒也（哭）（疊字犯）總角翻然清俊秀可称之寗馨看今朝閥
閱兒曾他年朝堂俊（言白）果然好个娃子怪不得親家急出病来
果然可爱（四牢子院子王恕上白）若非君覿面焉得罪名彰臣王恕見
駕愿吾皇万岁〻〻万〻岁（生）吓卿家有重病原何痊癒如此之速（恕）

臣為失兒成病今聞圣駕俯臨臣兒無恙使臣忽然起癒亦出圣
君之賜也（生）朕正在此覌汝佳兒卿可上前父子相会（怨）領旨（馨）爹々
在那裡（怨）我兒在那裡（仝）爹呀 爹々兒呀（又）凝眸熟視似南柯夢强禁不
住珠泪飄零驚欢喜無限欢欣々々々々々々（生白）王怨病痊征塵有
功仍復旧職加封太子少保（怨）万岁（生）林俊（小生）臣有（生）朕因一时惑突听
信讒言諂嫚媚有負卿家一片苦衷暫授揚州府印信回奎之後
再行陞賞（小生）万岁（生）言吉文姞念無知不加罪責仍归田里（言）万岁
（生）点秀之詔須行天下永禁採選（怨小生）万々岁（生）尔等平身（末）万岁

(生)將一班淫惡之賊一併拏下(衆應剝衣上刑衆白)啟了有印信呈上(王怒)取來

万岁徒曉身藏揚州府印信呈上(生)唗唗好大胆的賊禿就將印信交与林俊(怒)欽旨(小生)万岁(衆軍)啟了桑長異乘間逃走了(怒)臣啟陛下桑長異逃走了(生)就命卿用心速行追捕先將一千人犯照律定罪二卿好生办理(怒小生)領旨將一千人犯帶去收監(四劊子押衆下生)朕就此登舟去也(衆)臣等送駕(帝杜范以)听邪言惑几傷方命賴功勳奠安宗庙世清寧(下言白)老親翁老公祖(小生)唬言吉交你這勢利小人你道我終身淪落之人你今日羞也不羞(以)罷罷二千石特掌揚州郡

（言白）慚愧吓々々這个老親翁身得貴恙小弟未遣小女侍奉湯藥多々有罪（小生）吓、（呆怒）令愛与下官有何名分侍奉湯藥起來、（言）阿呀小女乃是老親翁的長媳也礼當侍奉何出此言（怒）令愛多少年紀了（言）二十歲了（怒）這等說一發差了下官只有這一点骨血並無長男次女老先生莫非錯認了（言）咳甚的話令郎已经入贅寒家舍因親翁有恙歸第故令郎回府怎干錯認起來奢（小生）住了你在那裡胡言亂語講些々什么只怕你活見了鬼了（言）怎干見鬼奢明々的事吓（怒）咳你必定被人哄騙了还當快々仔細查问今後再不可錯

認親翁。（小生）滿臉流涎，一派胡言。母舅大人不要採猜他。（聲）我們快些
回去罷。（怒）我兒隨我來。（小生）打轎伺候。（乘下言）阿呀々々，今日是真正
不懂了滑。唉，我家女婿明々是他大兒子，怎干他回我沒得不認我
親家教我真不懂了滑。莫管々々，我立刻打發轎子去接了女婿來家
看他認我親家不認我親家罷了。（叹）叠々希奇難告人，急去整頓
肩輿急速往迎。（白）唉，真正不懂了，实在不懂了。（下）

恤冤剖賺（桑長興上白）咳時未遇着酸酒店運退撞着有情人我桑長興好好一個妙姑娘被我騙到手指望受用下半輩子被万惡這壞種打散我的好事後來国师差我殺他妻子黑牡丹我就偷了万惡的銀子同黑牡丹逃走又被万惡趕來正在無如奈何之时却好衆百姓尋兒的走來被我嚷破関動衆百姓打破瓊花观到也好笑要緊时候百姓隊里到有个皇帝在里頭被我尽情出首後來瞧瞧不好我就溜了身边有的是銀子在外住了几日可悶得慌為此來听听事情是怎么樣了　咳　早知如此那晚杀了仰氏到也干净这都是我自己不好（以下金錢花）只因一念

貪淫〻〻今朝奔走無門〻〻（狗上咬介）阿哇〻〻（叫）何来悪犬恁猙獰冷地
咬腿生疼憑兒撲打越追人（犬追咬下 栢華上白）只因失幼主匿跡在他鄉
聞說歸無恙回家再商量我栢華自從七月十五日丟了小公子連夜
逃避他鄉在小舅子家藏身才知拐子頭就是国师皇上私行察
訪已將国师拏問各家嬰孩都已釋放林家事情平復為此轉来
再到王府看〻我家愛玉有些〻好處沒有進得城来 喚什么告示待
我看来提〔揚〕州府正堂林為緝拐匪事繼曉一案盡行定罪有餘
黨悪匪桑長興在逃未獲不論軍民人等如有獲着觧府官給

賞銀一百兩知情藏匿者与本犯全罪阿呀喪長吳我認得他已入
揚子黨了唉不安分的人幹不出好事來（桑急上）喔〻（犬追上咬住栢
白）吓你是喪良心吓（桑）哎呀不好了（桑欲逃犬咬住栢白）噯原來就是復
生吓我明白了啥復生可是喪良心逃走了你來拏他么（犬叫介栢白）此乃
天賜我的功勞也（吠）起來跟我走（桑）那裡去（栢）拏你到官去（桑）阿呀老
爺子小公子不是我揚的你納饒了我罷（栢）小公子不是你揚的也隨我
當堂去辯（又）〈前腔〉因伊漏網逃生〻〻厲行追捕非輕〻〻（桑逃犬
追咬住栢白）走〻（拉桑犬跟下小生上）〈引〉災禍喜除消幸賴嬋娟保

（白）下官林俊被繼曉陷害必死無辜幸得母舅飛章密奏聖君微服私行繼曉罪惡自敗方雪覆盆之獄回家拜謁舅母剖明愛玉為我施謀逸二娘斡旋姻事施巧計遇妙玉代我雲陽二女全歸府第配定位室此等上智裙釵若非前生福分何由遇此真是妻美妾嬌完我風流心愿矣（院子上）上命飛持遞頃刻報中堂

啟爺都爺發下文書請爺開看（小生）拆封（院拆小生看）吓原來都堂定下罪犯繼曉寸剮萬福凌遲桑長與獲到即时立決其仰氏既經離異發出官賣如此先帶仰氏後堂開豁（院子應下小生）那仰氏

雖係不端之婦一来妙玉情面二来越墻藏庇片刻之情故尔招由上代他供出与継暁離異已久此番脱然無累尽我一点報其小恵也（院押仰氏上）走：：仰氏當面（小生）仰氏（仰衣小生）你平日淩虐錫女寔為潑悍那晚强逼淫污难人（呸）既為淫蕩因念你藏我片刻之德故將你開豁無罪你可明白么（仰）是了小婦人當日糊塗今日方才明白了（小生）喚官媒婆發出官賣（院衣仰）阿呀还要老爺与小婦人做主我不願官賣（小生）為何（仰）这也是瞞不过老爺我嫁过兩个男人相与到有六七個到了难中个：反面無情都是没有良心的所以都

看透了不愿嫁人情愿當个老媽兒也好度过下半辈子就是了（小生）呸你若果有此心到也回頭是岸只恐你年非衰暮淫心復熾又生枝葉反不若嫁人的好（卯）老爺若不信小婦人就在老爺衙内當个老媽兒若再有不好处老爷只管处死如何（小生）好你既洗心滌志痛改前非竟在我衙裔做个女奴罢（卯）多謝老爺（小生）下去（卯）是下我如今日好人了（下小生）吩咐開門（下院子傳下四小軍四牢子四劊子四兵丁中軍院子

小生上（又）〔粉孩兒〕欣々的戮奸雄愁怨掃喜安宣朝野肅清廓宙

（守備白）守備參見（小生）請就煩貴職將二贼帶上來（守）是（四兵丁隨下來又）

（小生批招旂）一人孛作天下擾，到今朝奸敗謀消。（守東帶繼曉万福上）犯人進，犯人當面。（小生）繼曉，你當日道我纘纓直冲，汝道因何今日罪犯當刑。（繼）唉，可惜當日未曾殺汝，今日自喪惡奴之手，要殺就殺，何用多言。（小生）好個西方佛子，護國佑民。打開刑具。（末）領鈞旨。（小生）劊子手將二賊洗剥了，緊緊的綁起来。（末卸横招旂）（小生）就此押上曹市去者。（末應仝下）滿城中喜氣裏，雷遍街衢，男欢女笑。（仝下）梅香隨言交言如玉上（旦）（福馬郎）盼望乘龙音信杳，須面問其非是，偏不到。（言白）姑娘再不道姑爺仝栢大姐都是一班的揚子，竟干敢假冒王府的兒子。誆騙我家的親事。竟一去不來。這事情怎生好奢。（埊）他不來也不妨。林俊如今做了官了。孩兒原去嫁林俊就是了。（言）吓吓。你这娃子不是瘋了么。唉。你难道忘了覆水难收四个字么。（叹）縱是前生定。命裡招。反覆徃徒勞。田念処。好心焦。（作上白）機關因護節。（聲郎上）道破為完姻。（作吓）聲郎且在外边等一等。少頃進來。（聲）曉得。（下）（作吓）岳丈。（言）站着。我且問你。你到底是奢一个。為甚的假冒王恕的兒子。擬賺我家的閨女。（作）岳丈不須追究。小婿只道假門楣可以長久。誰料一朝識破。諒不能存身。況林俊已為本府小婿何曾云呢故此今朝特来告退此姻请令爱原嫁了林俊罢（言）放屁不像话了（作叹）（红芍药）势趋炎弃旧攀高断旧约正好新他（言白）呸我家姑娘陪你睡了一個多月怎干还敢叫我把女儿原嫁林俊你不是放屁的话了（叹）此等言词何太渺敢则是自愧假冒（作白）吓，怎敢假冒二字难道我不是王家的人哈，何尝假冒我只因你炎凉世态心中不愤故尔前来保全名节虽则成親一月不曾玷污令爱的尊躯（言）吓姑娘真個没有合床么（作）实不相瞒令爱还是個闺女哩（言）阿呀我又不懂了（作）小婿呵（叹）坐懐未乱無点淆

請今朝完璧歸趙（馨郎曲内上言白）唉、、你的話我到底不信（馨）哈
言老親翁（言）阿呀、、原来是王公子（馨）你真不信么你来看嗟（言）看
甚么奢（馨）哪（叹）現出了翠鬟雲翹繆信得嬋娟弄巧（作）岳父旧
女婿做了官新女婿失陪了（急下言）站着（馨）吓老親翁此时你却扯
不得的了（言）吓、、怎敢是个女眷王公子来、、这女子到底是那一个奢
（如玉）吓爹、还不懂么（言）越闹越不懂了哇（如玉）就是王公子的生母嗻
（言）吓就是王公子的生母吓唉、、為甚的扮了男装（馨）言老親翁可知
林俊是我的表兄耶（言）这、是我知道的（如玉）只為爹、退了林生的婚

姻所以愛王妹子、假意與珠定、實探女兒之心、还見女兒執意不從、多亏妹子、逸二娘、
机関全部揀聘望、假冒王府之親啊（詩）喝怎干ミミ（埊又）〔耍孩兒〕故將
机関全部揀、聘望林郎耀、待將来識破、（今）朝此孩兒應恩分當来多是然替爹ミ
行道但莫起反覆心腸好歹不得無事擾（埊又）（言）夢見是
我錯了哇（聲）言老親翁表兄今日就要成親、只要老親翁親送嫂ミ
过門前件事、都
就一筆多消了、（言）是ミミ本来我不是領命ミミ、（聲）
就此告辞改日会親再見請了、（言）恕不送了哇ミミ哈ミミ姑娘你是曉得我
一生毛病最喜的眼前花所以得罪了林生还要姑娘從中幫襯我如今
裝奩之外再送萬金陪嫁如何（埊）叫爹ミ（又）此孩兒应当然替
爹行道但莫起反覆心腸好歹不得無事擾（下言白）是了ミミ都是為父

的不是你進去梳粧待我親自送親陪罪就是了哈〻〻又要快活了
哇如今揚州府是女婿江南巡撫是親家自今已後諸事不離
天〻奉承這兩家也就句我應酬了哇忙不開呢哈〻〻心定了〻（下）

福圓（仰氏上白）撇卻風流念惟存歸正心我仰氏感蒙林老爺出死入生收養衙內為婢今日三位夫人團圓合卺這種熱鬧一輩子也沒有見過林老爺命我看守新房此時吉时已到三位夫人都到了沒有待我去听听瞧（内吹打畢拜）送入洞房（仰）嘆亦已拜完了堂多進來了（眾梅香照灯乳娘扶介小生如玉愛玉妙玉眾進房小生）看酒伺候（仰）都預備停停當當了（妙玉看仰呆氣介眾梅香）婦女們叩見三位夫人（仰）吓你是妙愛眾人起去（眾起妙）呸菴堂寺院不見什么庙你还敢叫我的名字么（仰）你這时候虽做夫人我蒂根兒到底是你旧母（妙）放屁你素常拏我糟塌了

不像樣也罷了怎么你一見吳來由就变了心腸害得我舅〻活〻打死於心何忍〻〻〻我正要我你与我舅〻報仇真是天開眼到衙門裡做老媽好受用今日替我舅〻報定了仇了（以〔会沍陽〕想起前情难禁氣哮寬家相遇肯輕饒（挽袖扯仰氏 小生如金 愛玉仝白）仰氏平素做人不好今日眼前就报（仝以）天公善惡昭然分别不瀟為主僕何足道（妙白）既是大伙兒說了把前情丟開但是有句話要交代了（丑）但說何妙（妨）（妙）仰氏要派在我房里伏侍我这才料过手（小生）这也容易（妙以）要勤劳服役須当效差遲責罰也还伊报（仰白）这才是眼前現报了（哭介）下

(栢華上白)途中獲匪非為喜，女嫁高官方是欢。栢華叩頭。(小生)阿呀々々，請起々々。你如今是我的庶岳了，今後不要行此礼。(栢)唉々嗏々。如今日小丈人了。(愛)爹々一向在那里？(栢)唉，走吓又不敢走遠，左思右想在你舅々家存身，打听小公子無事，想来見你，恰々的在城門口見一條狗咬住了一个人在那里混嚷，原来就是復生，咬住的就是喪良心，被我拏住拴了来了。(東)吓，又有這等奇事。(小生)如今在那里？(栢)現在外堂上。(小生)与我帶進来。(栢)此乃内堂，東位夫人在此，怎好帶進？(小生)此賊之惡，眼前誰个不知，有何方碍，帶他進来。(栢)是。老爺吩咐帶喪良心内堂听審。(衙役押帶桑上)(犬隨上)

走々々桑長吳帶進桑長吳堂面跪着（小生）桑長吳（末）答应（桑）有（小生）我在山東道上收畱一畜救汝一命犬能救难濟危人反忘恩負義正所謂中生有義人無義寔無度中生莫度人信非謬也（以々倭々金）鬚須眉面毒無如鴞要知仁和義不及如披毛（外）你趁我家门敗行奸賣俏（仝）忘恩負義毒如雕擢髮罪难道々々々々（桑白）以前之事我都忘了誰記得那么些々不要緊的話胡鬧々々（小生）此賊轉眼無情忘恩負義之徒都堂定下罪過此賊獲到即時立決來將此賊上了刑具暫寄監中明日五鼓处斬便了（末）应（桑）阿呀林相公這個我頭兒不開

真正怏悔無及了〻〻〻〻（衆）呔走〻〻（帶桑下小生）復生功當優賞看
酒來（梅香持盤〻内三杯酒擺地介小生）吓復人你享此三杯酬勞報功之
酒（吹打犬吃酒叩頭跳下衆）哈〻〻 奇啦（仝以）【紅綉鞋】看他悠然暢飲
逍遥〻〻欢欣擺尾頭摇〻〻人行惡犬英豪人和畜両心迢奬
義畜斬鴟鴞（如玉白）相公義畜保主尚然奬賞眼前却忘了一位
極大的功臣（小生）是那一位（如玉）愛玉妹子為我們幻合姻緣斡旋生
死怎么忘了（小生）阿呀〻是吓栢夫人請上受下官一拜（愛）阿呀不敢还
請姐〻作主（如玉）如此我們一仝拜謝天地（衆）有理（仝以）【尾】十全福真

奇寶從今入手永堅牢但願百歲良緣直到老（全下）

同治元年十一月十七日學古篆伶人陳金崔煦堂抄録完竣

「早期北京話珍本典籍校釋與研究」叢書總目錄

早期北京話珍稀文獻集成

（一）日本北京話教科書匯編

《燕京婦語》等八種

華語跬步

亞細亞言語集

北京風土編·北京事情·北京風俗問答

伊蘇普喻言·今古奇觀·搜奇新編

四聲聯珠

官話指南·改訂官話指南

京華事略·北京紀聞

（二）朝鮮日據時期漢語會話書匯編

改正增補漢語獨學

高等官話華語精選

速修漢語自通

速修漢語大成

中語大全

修正獨習漢語指南

官話華語教範

無先生速修中國語自通

官話標準：短期速修中國語自通

「內鮮滿」最速成中國語自通

（三）西人北京話教科書匯編

尋津録　　北京話語音讀本

語言自邇集　　語言自邇集（第二版）

官話類編　　言語聲片

華語入門　　華英文義津逮

漢英北京官話詞彙　　北京官話：漢語初階

漢語口語初級讀本・北京兒歌

（四）清代滿漢合璧文獻萃編

清文啓蒙　　清話問答四十條

一百條・清語易言　　清文指要

續編兼漢清文指要　　庸言知旨

滿漢成語對待　　清文接字・字法舉一歌

重刻清文虚字指南編

（五）清代官话正音文献

正音撮要　　正音咀華

（六）十全福

（七）清末民初京味兒小説書系

新鮮滋味　　過新年

小額
春阿氏
評講聊齋
北京
花鞋成老
講演聊齋

（八）清末民初京味兒時評書系

益世餘譚——民國初年北京生活百態
益世餘墨——民國初年北京生活百態

早期北京話研究書系

早期北京話語法研究
早期北京話語法演變專題研究
早期北京話語氣詞研究
晚清民國時期南北官話語法差異研究
基于清後期至民國初期北京話文獻語料的個案研究
高本漢《北京話語音讀本》整理與研究
北京話語音演變研究
文化語言學視域下的北京地名研究
語言自邇集——19世紀中期的北京話（第二版）
清末民初北京話語詞匯釋